北京高校中国特色社会主义理论研究协同创新中心（中央财经大学）
河北科技大学思想政治理论课混合式教学改革丛书
丛书主编：甘玲

成长课堂

——思想道德修养与法律基础案例导学

主　编　甘　玲
副主编　何　珊　朱晨静

燕山大学出版社

2020·秦皇岛

图书在版编目（CIP）数据

思想道德修养与法律基础案例导学 / 甘玲主编. —2版. —秦皇岛：燕山大学出版社，2023.6
（成长课堂）
ISBN 978-7-5761-0485-1

Ⅰ.①思… Ⅱ.①甘… Ⅲ.①思想修养－教学研究－高等学校②法律－中国－教学研究－高等学校 Ⅳ.①G641.6②D920.4

中国版本图书馆CIP数据核字（2022）第256915号

成长课堂
——思想道德修养与法律基础案例导学

甘玲　主编

出 版 人：陈　玉				
责任编辑：张岳洪		封面设计：朱玉慧		
出版发行：燕山大学出版社		地　　址：河北省秦皇岛市河北大街西段438号		
邮政编码：066004		电　　话：0335-8387555		
印　　刷：涿州市殷润文化传播有限公司		经　　销：全国新华书店		
开　　本：700mm×1000mm　1/16		印　　张：17		
版　　次：2023年6月第2版		印　　次：2023年6月第1次印刷		
书　　号：ISBN 978-7-5761-0485-1		字　　数：210千字		
定　　价：54.00元				

版权所有　侵权必究
如发生印刷、装订质量问题，读者可与出版社联系调换
联系电话：0335-8387718

丛书编委会

丛书主编：甘 玲

丛书编委：王余丁 朱立光 刘爱民 徐永赞
　　　　　韩景元 张　良 刘建民 朱晨静

总　　序

近年来，以习近平同志为核心的党中央把高校思想政治工作摆在突出位置，并作出一系列重大决策部署。2016年12月8日，习近平总书记在全国思想政治工作会议上提出："要用好课堂教学这个主渠道，思想政治理论课要坚持在改进中加强，提升思想政治教育亲和力和针对性，满足学生成长发展需求和期待。"2018年4月12日，教育部印发《新时代高校思想政治理论课教学工作基本要求》（教社科〔2018〕2号文件），对新时代高校思想政治理论课教学工作提出了整体要求。2018年9月10日，习近平总书记在全国教育大会上，就培养社会主义建设者和接班人问题强调，要在坚定理想信念上下功夫，教育引导学生树立共产主义远大理想和中国特色社会主义共同理想，增强学生的中国特色社会主义道路自信、理论自信、制度自信、文化自信，立志肩负起民族复兴的时代重任。2019年3月18日，习近平总书记在学校思政课教师座谈会上的重要讲话中指出，青少年阶段是人生的"拔节孕穗期"，最需要精心引导和栽培。为进一步贯彻落实党中央关于高校思想政治理论课的相关部署和要求，进一步发挥高校思想政治理论课在大学生思想政治教育中的主渠道作用，增强思想政治理论课的亲和力和针对性，深入推动高校思想政治理论课从教材体系向教学体系转化，我们以2018版高校思想政治理论课教材为依据，对高校思想政治理论课混合式教学改革进行了新的探索与尝试，本丛书便是这一探索和尝试的阶段性成果之一。

本丛书以立德树人为理念，以教材的主要内容和逻辑结构为依据，特别突出以下四个特点：一是典型性，本丛书编著的大多数案例都是具有一定影响的经典案例，十分具有代表性；二是时代性，本丛书编著的案例大多是最近几年才发生的，或是刚刚发生的，具有强烈的时代感；三是适用性，本丛书的案例以教材的主要内容和逻辑结构为依据，便于师生使用，具有教学成长导航同步性和适用性；四是实用性，本丛书收集、编写的案例均源于生活实践，资料真实，内容丰富，具有较强的实用性。

本丛书所选取的典型教学案例，既可以与慕课教学配套，作为翻转课堂使用，也可以在没有慕课教学的情况下，直接应用于实体课堂的教学；既可以作为教师备课的辅助资料，也可以作为学生课外学习拓展阅读资料。本丛书为北京高校中国特色社会主义理论研究协同创新中心（中央财经大学）课题立项"十九大精神融进高校思政课建设研究"的阶段性成果，同时，也得到2019—2020年度河北省高等教育教学改革研究与实践项目"'双一流'战略下高校思政课线上线下混合式教学模式的探索与实践（2019GJJG187）"的资助。在编写过程中学习、借鉴了各高校思想政治理论课相关案例教学用书和资料，在此一并深表感谢。因能力、水平有限，不足不妥之处，恳请各位专家学者指正。

丛书主编

2019年8月

序

习近平总书记在2016年全国思想政治工作会议上提出:"要用好课堂教学这个主渠道,思想政治理论课要坚持在改进中加强,提升思想政治教育亲和力和针对性,满足学生成长发展需求和期待……"。为了进一步发挥思想政治理论课在大学生思想政治教育中的主渠道作用,增强思想政治理论课的亲和力和针对性,《思想道德修养与法律基础》教研团队开始对"案例教学法"进行探索和尝试,并取得一定成果。

《成长课堂——思想道德修养与法律基础案例导学》是为适应思想政治理论课教学改革需要,以提高学生的参与性、互动性及探究式学习的积极性为目的而编写的。本书以高等教育出版社2018年版"马克思主义理论研究和建设工程重点教材"《思想道德修养与法律基础》为蓝本编写。在编写过程中,充分考虑了教学的目的和要求,以及教材中的重点、难点,在案例的选取中,充分体现了案例的价值性和服务教学的目的性。

本书以立德树人为理念,以教材的主要内容和逻辑结构为依据,特别突出以下四个特点:一是典型性,本书编著的大多数案例都是具有一定影响的经典案例,十分具有代表性;二是时代性,本书编著的案例大多是最近几年才发生的,或是刚刚发生的,具有强烈的时代感;三是适用性,本书的案例以教材的主要内容和逻辑结构为依据,便于师生使用,具有教学同步性和适用性；四是实用性，本书收集、编写的案例均源于生活实践，资料真实，内容丰富，具有较强的实用性。

本书在编写过程中，参阅了相关的文献资料，在此向诸位作者表示衷心的感谢。

由于编写时间仓促，难免有不妥之处，恳请专家、同行和读者批评指正。

甘玲

2019 年 8 月

目　　录

绪论 ··· 001
　一、教材分析 ··· 001
　二、典型案例 ··· 002
　　【案例1】如何认识新时代 ······························ 002
　　【案例2】如何把握时代机遇 ···························· 004
　　【案例3】如何看待战"疫"中90后的责任担当 ············ 006
　　【案例4】大学生如何面对专业选择的困惑 ·············· 010
　　【案例5】大学生如何面对"放养式"学习 ················ 011
　　【案例6】大学时期，如何培养人际交往能力 ············ 012
　　【案例7】如何处理学习与社团活动的关系 ·············· 014
　　【案例8】大学时期，如何处理好室友关系 ·············· 016
　　【案例9】药家鑫事件带给我们的启示 ··················· 018
　　【案件10】如何理解思想道德为法律提供思想指引和价值
　　　　　　基础 ··· 020
　　【案例11】民法总则"好人条款"解读 ···················· 022
　　【案例12】闻木樨花香否 ································ 024

第一章　人生的青春之问 ································ 027
　一、教材分析 ··· 027
　二、典型案例 ··· 028

【案例1】斯芬克斯之谜 …………………………………… 028
【案例2】"狼孩"是人吗 …………………………………… 030
【案例3】杰克·伦敦的《热爱生命》 …………………… 031
【案例4】放牛娃的故事 …………………………………… 033
【案例5】三个工人砌墙的故事 …………………………… 034
【案例6】维克多·弗兰克尔《活出生命的意义》 ……… 036
【案例7】画家和"狼桃"的故事 ………………………… 037
【案例8】一个牧师的最后遗言 …………………………… 039
【案例9】时代成就"篮球梦" …………………………… 041
【案例10】"天眼之父"南仁东 …………………………… 043
【案例11】《战狼2》票房成绩引发的思考 ……………… 045
【案例12】卡尔·马克思的革命乐观主义精神 …………… 046
【案例13】孟祥斌,一个人感动一座城 …………………… 048
【案例14】两代大学生的人生价值 ………………………… 050
【案例15】公交司机在生命最后时刻的选择 ……………… 052
【案例16】杂交水稻之父袁隆平 …………………………… 053
【案例17】清华"馒头神"张立勇的故事 ………………… 054
【案例18】以坚持实现人生价值 …………………………… 055
【案例19】向"幸福"致歉 ………………………………… 058
【案例20】屠呦呦成功之路 ………………………………… 061
【案例21】中国导弹之父钱学森 …………………………… 064
【案例22】两国老太太的天堂对话 ………………………… 068
【案例23】26岁的怀孕女孩张丽君的抗癌经历 …………… 070
【案例24】如何看待"宁贫困不当修鞋匠"现象 ………… 073
【案例25】如何看待小官"巨贪"现象 …………………… 075
【案例26】如何看待大学生贷款高消费现象 ……………… 076

【案例27】复旦大学研究生投毒案引发的思考 …………… 078
【案例28】保定学院西部支教群体 ………………………… 080

第二章 坚定理想信念 …………………………………… 085
一、教材分析 ……………………………………………… 085
二、典型案例 ……………………………………………… 086
【案例1】新生活从选定方向开始 ………………………… 086
【案例2】理想因报国而澎湃 ……………………………… 088
【案例3】大山里的守望者支月英 ………………………… 090
【案例4】大学生如何对待宗教问题 ……………………… 094
【案例5】信仰的力量 ……………………………………… 097
【案例6】大学生应如何实现个人理想 …………………… 100
【案例7】耶鲁"村官"秦玥飞 …………………………… 102

第三章 弘扬中国精神 …………………………………… 105
一、教材分析 ……………………………………………… 105
二、典型案例 ……………………………………………… 106
【案例1】谁能代表中国精神 ……………………………… 106
【案例2】"最美妈妈"吴菊萍 …………………………… 109
【案例3】中国品牌,贵在"中国匠心" ………………… 111
【案例4】战"疫"中的中国精神 ………………………… 112
【案例5】他们是院士也是战士 …………………………… 115
【案例6】余光中:一首《乡愁》,两岸泪流 …………… 118
【案例7】尼泊尔撤侨的"中国速度" …………………… 120
【案例8】课堂上的交锋 …………………………………… 122
【案例9】2017年度感动中国人物卢丽安 ………………… 124

【案例10】如何看待"洁洁良"事件 ·················· 125
　　【案例11】从"钓鱼岛事件"看理性爱国方式 ·········· 127
　　【案例12】台湾间谍门事件 ·························· 129
　　【案例13】大力弘扬载人航天精神 ···················· 131
　　【案例14】马云的7个颠覆性微创新 ·················· 132
　　【案例15】这个时代需要仰望星空的年轻人 ············ 135

第四章　践行社会主义核心价值观 ·················· 139
　一、教材分析 ·· 139
　二、典型案例 ·· 140
　　【案例1】脱贫攻坚创人类发展奇迹 ·················· 140
　　【案例2】"太行山上的新愚公"李保国 ················ 142
　　【案例3】纠正冤假错案，让正义不缺席 ·············· 145
　　【案例4】国庆节，来看他们爱国奉献的故事 ·········· 148
　　【案例5】记以国为重的大国工匠徐立平 ·············· 150
　　【案例6】500万彩票背后的故事 ····················· 153
　　【案例7】"追求生命宽度"的党员许帅 ················ 155
　　【案例8】用核心价值观重塑精神向往 ················ 158
　　【案例9】传统节日要回归传统 ······················ 160

第五章　明大德守公德严私德 ······················ 163
　一、教材分析 ·· 163
　二、典型案例 ·· 164
　　【案例1】教授的第一课 ···························· 164
　　【案例2】摩西十诫 ································ 167
　　【案例3】鲁滨逊漂流记 ···························· 168

【案例4】折断的猎枪 …………………………………… 170

【案例5】饥饿的苏丹 …………………………………… 171

【案例6】穷有信，富且仁 ……………………………… 174

【案例7】不朽的丰碑 …………………………………… 176

【案例8】《流浪地球》为什么能够成功 ……………… 178

【案例9】病房里的感动 ………………………………… 180

【案例10】高铁"霸座"事件 …………………………… 183

【案例11】网红之"凉"的警示 ………………………… 185

【案例12】那一课叫敬业 ………………………………… 187

【案例13】唐某某诉唐某甲等5子女赡养纠纷案 ……… 189

【案例14】聪明掩盖不了道德缺陷 ……………………… 191

第六章 尊法学法守法用法 …………………………… 194

一、教材分析 ……………………………………………… 194

二、典型案例 ……………………………………………… 196

【案例1】IT男之死事件 ………………………………… 196

【案例2】卢恩光行贿案 ………………………………… 197

【案例3】张扣扣杀人案 ………………………………… 200

【案例4】承包经营权权属纠纷案 ……………………… 203

【案例5】聊城市环境违法案 …………………………… 205

【案例6】杨某起诉确认亲子关系不存在案 …………… 207

【案例7】治理"医闹"要让守法者不吃亏 …………… 208

【案例8】2004年，人权入宪 …………………………… 210

【案例9】宪法宣誓制度 ………………………………… 212

【案例10】如何理解民法典开启我国公民权利保护新时代 … 213

【案例11】民法中的公平原则 …………………………… 216

【案例12】行车要文明　不做"喇叭党" …………… 217

【案例13】"网络虚拟财产"受不受法律保护 ………… 219

【案例14】上海市海关行政处罚案 ……………………… 220

【案例15】中国足球协会是否有执法权 ………………… 222

【案例16】某建筑公司的低价中标案 …………………… 224

【案例17】丛某与威海日报社劳动纠纷案 ……………… 226

【案例18】阿里巴巴与丁某劳动纠纷案 ………………… 227

【案例19】张成见死不救行为是否属于犯罪 …………… 228

【案例20】盗窃行为是否一定构成犯罪 ………………… 233

【案例21】如何看待于海明正当防卫行为 ……………… 235

【案例22】紧急避险的法律责任 ………………………… 237

【案例23】杜某的做法是否合法 ………………………… 238

【案例24】本案回避程序有何违法之处 ………………… 240

【案例25】公安机关公示小偷照片案 …………………… 242

【案例26】如何理解我国法制现状 ……………………… 244

【案例27】苏格拉底之死 ………………………………… 246

【案例28】吕西锋理性维权 ……………………………… 247

【案例29】大学校园中学生的宪法权利 ………………… 249

【案例30】黄某逃避服兵役案 …………………………… 252

【案例31】谁逼疯了真版贾君鹏 ………………………… 253

【案例32】陈某某微信群散布不实言论案 ……………… 255

【案例33】如何理解见义勇为者不担责 ………………… 256

绪　　论

一、教材分析

（一）教学目的

本章的教学目的是通过绪论的讲解，使大学生认识中国特色社会主义新时代的内涵及意义，引导大学生正确认识个人发展与国家发展的相互关系，把握新时代赋予的历史机遇和历史使命，努力提升思想道德素质与法治素养，做有理想有本领有担当的时代新人。

（二）教学重点难点

【教学重点】

1. 认识中国特色社会主义新时代。

2. 时代新人所面临的历史机遇与历史使命。

3. 时代新人应具备的思想道德素质与法治素养。

【教学难点】

1. 时代新人的历史使命与成长要求。

2. 如何培养思想道德素质与法治素养？

（三）基本知识结构

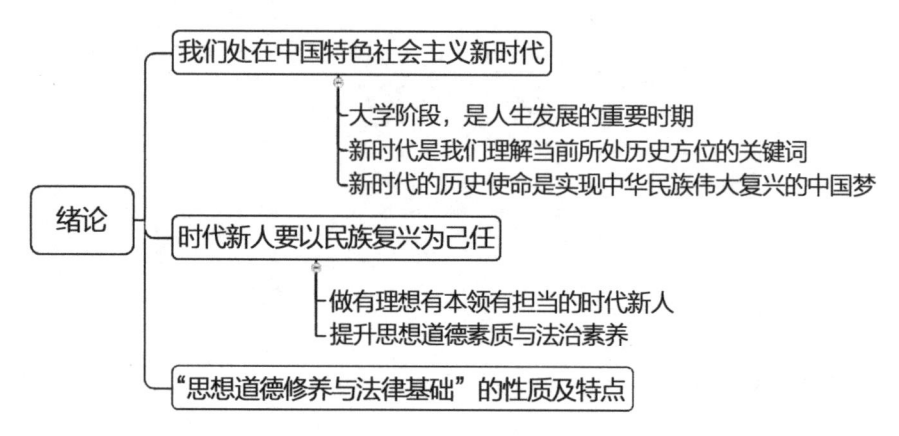

```
                ┌─ 我们处在中国特色社会主义新时代
                │      ├─ 大学阶段，是人生发展的重要时期
                │      ├─ 新时代是我们理解当前所处历史方位的关键词
                │      └─ 新时代的历史使命是实现中华民族伟大复兴的中国梦
    绪论 ───────┼─ 时代新人要以民族复兴为己任
                │      ├─ 做有理想有本领有担当的时代新人
                │      └─ 提升思想道德素质与法治素养
                └─ "思想道德修养与法律基础"的性质及特点
```

二、典型案例

【案例1】如何认识新时代

习近平同志在党的十九大上的报告，作出了"中国特色社会主义进入新时代"的重大战略判断，提出了"培养担当民族复兴大任的时代新人"的重大战略命题，还十分突出地对一代代青年接力奋斗实现中国梦提出重大战略要求。这些掷地有声的重要论述，昭示着一个承载历史、贯穿当下、引领未来的深刻论断——伟大的新时代，召唤堪当大任的新青年。

案例来源：2017/中公遴选/案例分析/新时代新青年

https://wenku.baidu.com/view/386cc5dad5d8d15abe23482fb4daa58da0111c99.html

问题思考：

大学生如何认识新时代，把握时代主题？

案例评析：

青年、国家、时代，是形影相随的铁三角、彼此助推的波浪。不同时代的青年承担了不同的历史使命与责任。读懂新时代的中国，要把握好几个关键词，也就是新思想、新使命、新目标和新愿景。

作为新时代的新青年，要树立坚定的理想信念。习近平新时代中国特色社会主义思想是马克思主义中国化的最新成果，是当代青年成长奋斗的行动指南。我们要深入学习领会和践行这个新思想，让贯穿其中的立场、观点、方法渗入自己的灵魂，让增强"四个意识"、坚定"四个自信"的政治定力牢牢巩固，让"八个明确、十四个坚持"成为自己成长奋斗的指路明灯，勇立在新时代的潮头。

作为新时代的新青年，要时刻牢记新使命。党的十九大规划的从现在起到21世纪中叶全党全国人民奋斗的宏伟目标和任务书、时间表、路线图，为广大青年清晰指明了奋斗方向，要深刻把握历史新方位和时代新特点，明大势、识大局、知大任，踊跃融入推进伟大斗争、伟大工程、伟大事业、伟大梦想的磅礴征程。

作为新时代的新青年，要刻苦锤炼新本领。面对新使命的千钧重担，要百尺竿头、更进一步，用新时代的标尺审视自己，在新征程的熔炉中锻造自己，努力练就更敏锐的眼光思维、更宽广的格局视野、更高强的能力素质、更自信的胸怀气度、更坚毅的意志品格，主动适应创新、协调、绿色、开放、共享发展的新需要，孜孜以求、矢志不渝地学习本领、磨砺本领、提高本领。

教学建议：

此案例可在绪论"我们处在中国特色社会主义新时代"教学中使用。

【案例2】如何把握时代机遇

1910年夏天的一天,在韶山冲发生了一场父子争论。争论的焦点是:已满16岁的毛泽东是该到湘潭米铺做学徒,还是进洋学堂做学生。前者是父亲毛顺生的要求,后者是儿子毛泽东的愿望。毛泽东之所以要走出韶山冲,也是因为他有了一个梦想——立志救国救民。他非常清楚,要实现这个梦,只有出去读书、练就本领这个途径。

周恩来祖籍浙江绍兴,在历史上,绍兴乃物华天宝、人文荟萃之地。周恩来所属的保佑桥周氏,仅在清代就出过两位进士、五位举人。虽然周恩来自小生活在书香门第的环境中,但就家庭来说,自幼丧父,家道中落,家中的进益甚至不能维持生活。从六岁开始,他就随着两位母亲一次又一次地搬迁漂泊,而且家中的变故也尤为剧烈。在九岁到十岁间,其生母和嗣母先后去世。幼小的他带着两个弟弟在族人的帮助和接济下度日,受了不少屈辱。国家的动荡、家庭的衰落、生活的艰辛,让周恩来过早看到了当时社会的黑暗腐败,也为他从小产生为国家而努力的志向打下了基础。1917年夏天,19岁的周恩来在东渡日本求学时,为送别他的同学写下了"愿相会于中华腾飞世界时",这是周恩来在一百年前的中国梦。他为了这个梦想坚持了一辈子。26年的总理任期,他日理万机,鞠躬尽瘁。他离去,身后没有子女也没有财产,甚至连自己的骨灰也洒向了祖国大地。

面对十年"文革",青年习近平同样做出了自己的选择。1969年,17岁的习近平从北京到陕北的延川县文安驿公社梁家河大队插队落户,整整7年时间,习近平住在陕北窑洞里,与农民一起生活、一起劳动,从什么都不会做变成了劳动能手,从身体羸弱到扛200斤麦子走十里山路不换肩。正是这些经历,磨砺出青年习近平的淳朴、稳健、自信、魄力。在成为国家领导人之后，他时时不忘走访最贫苦的农民，体会他们的苦楚，思考国家的责任。

案例来源：凤凰网/走出韶山冲

http：//book.ifeng.com/gundong/detail_2013_07/09/27286379_0.shtml

凤凰网/历史/揭秘：家族背景对周恩来一生的深远影响

http：//news.ifeng.com/history/shixueyuan/detail_2010_12/05/3353682_0.shtml

人民网/习近平自述：七年上山下乡对我锻炼很大

http：//ha.people.com.cn/n/2014/1129/c351638-23054849.html

问题思考：

毛泽东、周恩来、习近平虽然生活的时代不同，但他们都抓住了人生的机遇。为什么他们能抓住历史机遇呢？

案例评析：

在汉语中有许多成语形容机遇，如机不可失、百年不遇、千载难逢等，都是形容机会难得，不可错过。这里的机遇，我们可以理解为有利的时机或者境遇。把握机遇则是抓住了事物发展的最佳时机，这是我们走向成功的前提。

在漫漫的人生旅途中，每个人都会遇到很多机遇，关键是你能否抓得住。机遇是属于每一个人的，但是，你若不能及时地抓住它，它就会转瞬即逝。生活中，经常有人会抱怨自己生不逢时，一生没有好的机遇，其实，机遇就潜藏在每个人的身边。中国特色社会主义新时代是一个充满机遇与挑战的时代。在我们的成长路上，一个个机遇都摆在我们面前，但在机遇的背后往往也隐藏着一个个的挑战。毛泽东、周恩来、习近平之所以能够把握住时代机遇，是因为他们有远大的理想，勤于学习，勇于实践。

2014年5月4日，总书记在与北京大学师生座谈时，充分肯定五四运动的历史意义后，讲道："每一代青年都有自己的际遇和机缘，都要在自己所处的时代条件下谋划人生、创造历史。新时代呼唤新青年，希望我们大学生牢牢把握中国特色社会主义新时代机遇，在放飞梦想，铸梦、圆梦中肩兹砥柱中流之社会国家责任，在激扬青春、开拓人生、奉献社会的进程中书写无愧于时代的壮丽篇章。"

教学建议：

此案例可在绪论"我们处在中国特色社会主义新时代"教学中使用。

【案例3】如何看待战"疫"中90后的责任担当

90后曾经被称为"垮掉的一代"，在父辈眼里，他们叛逆、自私、任性、缺乏责任感。他们崇尚实现自我价值，不在乎他人眼光，因此也承受了许多怀疑的目光：他们能否担负起诸多责任，成为中国社会可以信赖的、新的中坚力量？作为刚刚踏入职场的一代人，90后到底行不行？2012年南京大学教育研究院曾以90后为关键词，分析631条网络新闻后发现：舆论对90后的负评超过一半。90后，曾经给人吃不了苦的印象，他们过于追求自我与自由。2018年8月，领英发布的"第一份工作趋势洞察"显示：从70后到80后，再到95后，第一份工作在职时间依次递减：4年，3年半，7个月。95后平均7个月就离职，这让众多的长辈们觉得不可思议。90后的一言不合就辞职，曾让许多公司老板和管理者甚为头疼。

可是在2020年新型冠状病毒肆虐武汉，蔓延全国的严峻形势下，在抗疫战争吹响号角以后，90后们争先恐后地奔赴一线，用他们尚且稚嫩的身躯扛起时代的重任，成了抗疫主力军，誓死保卫人民，跟疫情战斗到底，用热心、爱心和责任心重新定义了90后。

案例来源：腾讯网/抗疫90后：曾经被称为"垮掉的一代"，如今正在保护全世界

https://new.qq.com/omn/20200308/20200308A0KPA800.html

问题思考：

如何看待战"疫"中90后的责任担当？

案例评析：

成长是每个人的必修课，是永不错过的列车，不管它是快是慢，每个人都会抵达自己的终点。突如其来的新冠肺炎疫情，也许会成为很多年轻人成长道路上的阵痛，但也注定是他们一生中难忘的精神洗礼。俄国哲学家车尔尼雪夫斯基说过这样的一句话："环境影响人的成长，但它并不排挤意志的自由表现。"尽管成长本身无法选择，但一个人成长的过程、为成长所作的努力，终究掌握在自己的手里。在某种意义上，突如其来的疫情，加速了年轻人的成长脚步。从前把名字写在校服上的90后，这一次把名字写在了防护服上，他们以令人钦佩的方式，选择了自己的成长路径。

"非典时，大家保护我们90后；17年后，我们90后要保护大家。"一位奋战在一线的90后护士的这番话被热转并收获了大量点赞。疫情就是命令，防控就是责任。在防控新冠肺炎疫情的关键阶段，一批批90后冲上了这个没有硝烟的战场。他们没有经历过1998年冰雪灾害，也没经历过2003年"非典"疫情，但是，面对新冠病毒疫情，他们主动请缨、

逆流而上，用自己的实际行动书写着90后应有的责任与担当。

"生在中国是件幸运的事情，危险的时候肯定不能退缩。"

这句话从一名95后男生口中说出，他是武汉市第四医院的一名男护士许汉兵，坚持不懈奋战在抗肺炎一线，他在防护服上郑重地写下"精忠报国"。

"如有不幸，请捐献我的遗体做研究攻克病毒。"

"关键时刻我不会逃避，我也不会做逃兵。"

……

这些话，出自一名95后的小女孩之口，她是武汉科技大学天佑医院肿瘤科的护士李慧。疫情爆发到现在，从除夕到初一，她坚守在工作岗位，从未离开。

事实上，在来势汹涌的疫情面前，这样的90后不胜枚举：不顾个人安危，深入一线探访疫情真相的记者；除夕夜整装待发，支援前线的解放军医疗队；各地医院，在请战书上坚定地按下红手印的医护工作者；还有每一位身在他方，心系武汉，捐助物资善款的爱心人士。这些人中，不乏90后，他们已成为国家遭遇危难时刻挺身而出的中流砥柱。

"哪里有什么白衣天使，不过是一群孩子换了一身衣服，学着前辈的样子，治病救人，和死神抢人罢了。"很多曾经加诸90后身上的标签，不乏奚落的评判，那可能是每一代人成长所必须经历的，他们没有辩解，却以自己的选择和行动证明"标签"的谬误和荒诞。也许追逐个性是这代年轻人身上鲜明的烙印，也许他们身上没有太多时代风雨留下的沧桑印记，但当时代的召唤来临，他们同样会毫不犹豫地肩负起应有的使命与担当。17年前的孩子已经长大，他们是逆行而上的天使，在最好的年华做最有意义的事情。面对突如其来的新冠肺炎疫情，90后、95后毅然出列，交出一张让祖国放心、让人民满意、让亲人自豪的优秀答卷。

这一代90后、95后年轻人的成长，闪耀着理想主义和乐观精神的光芒。一位90后护士不幸感染新冠肺炎，她心中虽然感到"我的世界在那天全都黑暗了"，却不忘在朋友圈里发一句"加油吧，战士们"；在一线医务工作者的防护服上，动漫风格的涂鸦是他们丰富多彩的成长印记，那些"猪猪侠""哆啦A梦"，令人忍俊不禁；哪怕在生死一线的重症病房，他们也期盼来自偶像的支持，让追星成为笑对病魔的力量。这代年轻人相信"我命由我不由天"，面对困难的理想与乐观，就是他们驱除黑暗的明灯。

这一代青年深知，个人价值的实现必须与国家的命运同频共振，灾难加深了这一认知。面对疫情，各行各业的年轻人不约而同地组成青年突击队，贡献战"疫"青春力量。他们挺身而生，迎难而上，发扬创新精神，不逃避不畏惧，以赤子之心回报国家和人民，以无私奉献诠释青春担当。更有一些热血青年，在艰巨的战"疫"斗争中经受了考验，坚定了信仰，"火线入党"，选择成为一个有崇高理想的先锋战士。

什么才是最好的青春？这个问题困扰着一代又一代年轻人。90后、95后把对青春的思考写在摘下口罩的勒痕上，写在穿着防护服的陌生背影上，也写在战"疫"烈士的墓志铭上。他们的壮举告诉我们：一代人有一代人的际遇，一代人也有一代人的奋斗，在成长中坚定前行的当代大学生，一定会将奋斗和责任作为青春最美的注解。

教学建议：

此案例可在绪论"做有理想有担当有本领的时代新人"教学中使用。

【案例4】大学生如何面对专业选择的困惑

新生小王是一个对自己的未来很有计划的人,可当他看了专业的培养目标和课程表之后,却发现学校的课程安排和专业培养方向和他想的不太一样。比如他认为电气工程及其自动化专业的实践操作应当尽早开始,可课程安排却要到大三大四,想先行一步吧又觉得缺少专业的指导,想跟着学校走又觉得太晚了,该怎么办?

案例来源:百度文库 / 新生有哪些常见不适应

https://wenku.baidu.com/view/7b11b81d55270722192ef71a.html

问题思考:
学校的课程安排和自己的理想不一致,该怎么办?

案例评析:
新生刚入学的一个月是新生适应大学生活的关键时期,因此,在这一阶段我们一定要清晰、明确地告诉学生,我们专业培养的目标是什么,我们四年的大学课程应该怎样安排。一般来讲,入学的第一、二年,学院都会先安排公共必修课程,专业课稍微会安排得靠后一点。大学的课程安排是学校根据自己的师资力量和育人目标来制订的,不一定适合每个人。如果我们同学有自己的学习计划,可以建议他们先向师兄师姐们要一张课程表,看看感兴趣的课程是不是和自己的上课时间安排冲突,如果不冲突的话就可以去旁听。

教学建议:
此案例可在绪论"做有理想有担当有本领的时代新人"教学中使用。

【案例5】大学生如何面对"放养式"学习

当"填喂式"遇上"放养式"疑惑？对于大学生小张来说，初进大学后最大的不适应就是教学方式的改变。高中时，老师都盯得很紧，不时地有这个测验那个考试，不想努力都难。但是进了大学，可支配的时间多，作业不常布置了，老师也很少主动来关心自己的学习，小张却不知道怎么安排学习了。面对这么宽松的学习方式，面对这样自由的生活小张反而觉得不知所措，期末门门考试的成绩都亮起了红灯。

案例来源：百度文库 / 如何使大一新生尽快适应大学生活的案例分析
https：//wenku.baidu.com/view/956bf562783e0912a2162a4d.html

问题思考：

大学时期，如何适应大学生活？

案例评析：

对于小张们来说，初进大学后最大的不适应就是教学方式的改变。很多同学可能不知道如何由"逼我学"到"我要学"这个阶段转变。高中学习基本上是被动式的，绝大部分同学都是按照老师的课程安排来走的。大学则全然不同，老师不再施加压力，平时的作业比较少，课程安排一般比较轻松，个人可支配的时间多了。所以如何学会自主学习，也是我们所有大学生需要修炼的一门课程。

一般来讲，大学学习的课程多，课时少，每天的上课密度也不一样，有时甚至会出现一天仅有一两节课的情况。大量的空余时间也决定了自主学习是大学里主要的学习方式。所以同学们在大一的时候，就要确立自己的学习目标、想从事什么职业、想成为什么样的人才，然后根据学院的专业培养目标制订学习计划。可以参照与自己的理想相近院校的课程安排或者是通过多种方式了解一下社会对于所学专业的学生有哪些专业技能要求和能力要求，看看除了本校的原有课程安排外，还需要补充哪些课程，学习哪些方面的能力。

教学建议：

此案例可在绪论"做有理想有担当有本领的时代新人"教学中使用。

【案例6】大学时期，如何培养人际交往能力

来自贫困农村家庭的小李，曾对大学生活充满了好奇和期待。然而，进入大学以后，现实与理想之间的落差让他慢慢感受到前所未有的压力和困扰。在与人接触和交往的过程中，他总是觉得自己的家境比不上周围的同学，又没什么特长，学习的劲头也一直提不上来。所有的这些都使他感到了自卑、痛苦，常常自惭形秽，郁郁寡欢，不敢和别人交流，生怕一交流就会出洋相，也不愿意参加各种集体活动，喜欢一个人整天对着电脑发呆。一年半的大学生活，他没有交到什么知心朋友，所有的心事也总喜欢憋在心里，不愿与他人倾诉。

案例来源：百度知道/如何帮助和引导大学新生尽快适应大学生活
https://zhidao.baidu.com/question/1771609816739747420.html

问题思考：

大学时期，如何培养人际交往能力？

案例评析：

由于同学们对大学生活的期望普遍比较高，而现实与理想之间的落差使不少的同学对生活感到了迷茫，不知所措，甚至过于放大自己的一些缺点或缺陷，觉得自己低人一等，从而产生自我认识上的偏差，导致自卑心理的产生。对于这类同学，他们常常会拿自己的短处与别人的长处相比较，过分贬低自己，甚至还会臆造出自己有很多的缺点，将自己看得一无是处，对自己的发展失去了信心。

对于此类学生的话，做法是主要分两步走。

第一步做好自我调适。首先，要克服自卑心理，进行自我调适，学会自我美化，学会"向下"对比，从而使自己重获信心，想象有人还不如我；其次，要认同"专长永远都比什么都会一点要强"的观念，要清晰认识到特长不在于多而是在于专，抛弃完美主义的思想，我们不想很多方面都非常优秀，只要把自己的某项专长或特点发挥出来就行了；然后，学会从多个渠道发掘自己的优点，比如说我们可以采取优点访察法，俗话说"旁观者清"，要善于向你身边的同学朋友询问"你觉得我有何优点或特点"，通过别人的眼睛，你肯定会发现自己在别人的眼中其实也是一个非常不错的人，从而不断获得更多的自信；最后，要学会以"三人行，必有我师焉"客观冷静全面地分析自己，停止一些盲目、不合理的比较，不要过分担心自己不如别人，要学会审视自己的优点和缺点，培养一种自强、自信、自立的心态。要清楚知道哪些方面具有可比性，同时也要学会善于与别人比较（知己知彼，百战百胜）。

第二步做好自我发展的调适。首先，学会科学有效地规划好自己的大学生活和自己未来的职业发展规划，明确自己的优劣势，对自己的大学生活和自己的人生进行合理科学的规划，尽早找准自己的发展方向和目标；其次，及时学习、随时学习，特长不是天生的，优势也不是与生俱来的，劣势也可以转变成为优势，随时学习，有目标地实践，在学习的过程中要学会思考、汲取和学习别人的优点和经验，从而不断提升自己；最后，要学会全面、系统地看待自己的成长，不要因为一时的挫折失败就产生悲观的心态，也不要因一时的成功松懈了自己。

教学建议：

此案例可在绪论"做有理想有担当有本领的时代新人"教学中使用。

【案例7】如何处理学习与社团活动的关系

学习与社团活动，只能二选一？如何处理好二者之间的关系？小郭，大一新生，某班班长，某部门干部，某协会会员。和大部分的新生一样，小郭在大一的时候进入了多个部门工作，每一天的工作几乎都花费了他大量的时间和精力。一学期下来，课程落下很多，还补考了好几科，他感觉很苦恼，他自述道："辛辛苦苦工作一整年，一挂科回到解放前，一补考，奖学金甭想了，推优入党也成了一种奢望……辛苦工作一整年一无所获，换来只是身心的疲惫和触目惊心的成绩单，难道学习与工作我只能二选一？"

案例来源：如何使大一新生尽快适应大学生活的案例分析
https://wenku.baidu.com/view/956bf562783e0912a2162a4d.html

问题思考：

如何处理好学习与社团活动的关系？

案例评析：

这个案例揭示了很多学生干部的通病：工作能力出色，学习成绩一般。那么，怎样才能处理好两者的关系呢？同学们可以从以下几个方面努力：第一，明确目标。首先，要弄清楚自己为什么要读大学，想在大学里获得什么。只有明确了自己想要什么，才能树立目标，激发动力，努力地学习，积极地工作。第二，学习工作两手都要抓，两手都要硬，以学习为中心。学生干部首先是学生，其次才是干部，学生的天职是学习，学生干部在主观心理上不能颠倒学习与工作的关系，要以做学生干部为压力和动力来促进自己抓好学习，要始终保持良好的学习态度，坚持严谨、勤奋、求实、创新的学习作风。因为学生干部的模范作用，不仅体现在活动上带头，也应是学习上的佼佼者，这样才能提高自己在学生中的威信。第三，就是取舍有当的问题。我们参加活动无非想提高自己的各方面能力，在学习与工作发生严重冲突的时候，就必须做以取舍，取舍的条件是哪一个对你的影响更大，也就是说如果你想两者都兼做的话，肯定自己会很累，可能发生矛盾的心理，这样必然会影响心情，影响做事情的效率，造成两面都做不好的局面。这样一来，你就会怀疑自己参加活动的意义、学习的意义，并极可能怀疑自己的能力，对信心会造成很大挫伤，这里的关键问题就是在"鱼"和"熊掌"之间寻找利益均衡点。第四，克服懒惰心理。很多同学一直说工作忙、活动多影响学习，这只是为自己的懒惰找借口，大学空闲的时间很多，很多同学由于懒惰在不知不觉中消磨掉这些时间。第五，提高效率，学会运用时间的艺术。我国著名数学家华罗庚曾深有感触地说："凡在事业上有所成就的人无一不是利用时间的好帮手。"学生干部应做到学习的时候专心致志，提高单位时间的效率；工作的时候雷厉风行，珍惜时间的价值，用最短的时间完成工作，从而利用更多的时间学习。

教学建议：

此案例可在绪论"做有理想有担当有本领的时代新人"教学中使用。

【案例8】大学时期，如何处理好室友关系

"同在屋檐下的烦恼"，对那些从未住过宿舍的同学来说，处理好和舍友之间的关系也算一个不小挑战。毕竟，时下有许多同学没有兄弟姐妹，很难体会到突然间多了好几个朝夕相处的"兄弟"或"姐妹"的感觉。

案例来源：百度文库 / 如何使大一新生尽快适应大学生活的案例分析

https://wenku.baidu.com/view/956bf562783e0912a2162a4d.html

问题思考：

大学生如何处理好室友关系？

案例评析：

同学关系也是一种人际关系，宿舍、班级、学校是一个小型社会，在这个小集体中学会处理好同学关系，将来走上社会才能善于处理各种复杂的人际关系，适应社会、影响社会。根据《人际关系心理学》，影响人际关系的因素主要有：

（1）交流水平。人与人之间的关系密切，彼此的交流是必不可少的前提。

（2）互酬水平。心理学家指出：人与人之间的行为具有"互酬性"，即"你对我怎么样，我也对你怎么样"。这里的"酬"不仅包括物质方面，也包括情绪、情感等心理方面的内容。人与人相处中，彼此的互酬水平越高，关系越是稳定密切。有些同学之所以与别的同学处理不好关系，互酬

性低，恐怕也是一个重要的原因。表现对同学的需求、困难漠不关心，使人感到你很冷漠。

（3）评价水平。通俗地讲，就是你对别人怎么看，以及要求别人怎么看你，评价水平的高低，不取决你讲别人好话的多少，而在于评价是否真诚和符合实际。

（4）包容水平。人与人之间的生理、心理差异是客观存在的，对这种差异能否包容也是人际是否协调的表现，包容水平越高，与他人相处的适应性也就越大，人际关系相当好，反之亦然。

要处理好同学关系，需要做到以下几方面：

一是要加强交流。良好的同学关系全赖互相了解，要达到互相之间彼此了解，就要加强交流，在思想和态度方面加强沟通，课余时间多搞一些社交活动，如打球、下棋、郊游等，增进了解，加深友谊。

二是要关心他人。希望得到人的关心是基本需要，你愈关心别人，你在他生活中的必要性将因之而得到增加，自然而然他也会转而关心你，一旦彼此之间互相关心，同学关系也就自然密切了。

三是宽容别人。"人无完人"，任何人都是有缺点的，也总会做错事的，这些都是正常和不可避免的，对他人的缺点和错误能持一种宽容的态度，不要计较，别人会很感激并愿意与你交流。

四是完善自我。同学关系紧张的人，大都性格和习惯方面有些毛病，应刻意改变自己的不良性格和习惯，要培养文明礼仪行为，做到服饰整洁美观，习惯面带笑容，注意言谈举止，不要卖弄自己，多多帮助别人，善于赞美别人。如果在人际交往中，人人都乐于赞美他人，善于夸奖他人的长处，那么人际间的愉悦度将大大增强，同时注意夸奖别人并不意味着可以毫无顾忌，应遵守两个原则：第一，赞美应出于真心，所夸奖的内容应是对方确实具有或将具有的优良品质和特点；第二，夸奖的内容应被对方所在意。

五是保持适当的距离。有时我们对某人太好时，他反而不领情，离我们远远的。究其原因有两点：其一，按互酬水平，你的关心，别人是要回报的，当他觉得自身能力无法回报你的关心时，只好采取不接受你的关心，疏远你来维持人际关系的平衡。其二，任何人内心都有自己的一个空间，只有自己拥有，再好的朋友，如果他不想让你进入而又无法回绝，只好采取敬而远之的态度。因此，人与人之间适当保持距离，为彼此的心灵留下一点空间，让彼此感觉到都是自由的，才愿意继续交往下去。

教学建议：

此案例可在绪论"做有理想有担当有本领的时代新人"教学中使用。

【案例9】药家鑫事件带给我们的启示

药家鑫（1989年11月7日—2011年6月7日），陕西省西安市新城区人，西安音乐学院大三的学生。2010年10月20日深夜，驾车撞人后又将伤者刺了八刀致其死亡，此后驾车逃逸至郭杜十字路口时再次撞伤行人，逃逸时被附近群众抓获。后被公安机关释放。2010年10月23日，被告人药家鑫在其父母陪同下投案。2011年1月11日，西安市检察院以故意杀人罪对药家鑫提起了公诉。同年4月22日在西安市中级人民法院一审宣判，药家鑫犯故意杀人罪，被判处死刑，剥夺政治权利终身，并处赔偿被害人家属经济损失45498.5元。5月20日，陕西省高级人民法院对药家鑫案二审维持一审死刑判决。2011年6月7日上午，药家鑫被执行死刑，终年21周岁。

案例来源：百度/药家鑫

https : //baike.baidu.com/item/ 药家鑫 /9726970?fr=aladdin

问题思考：

药家鑫的事件给大学生带来哪些启示？

案例评析：

一个年纪轻轻受过高等教育的大学生竟会如此漠视生命，他的所作所为也已经失去了一个在校大学生应该有的基本素质，这深深地刺痛了我们的心灵。这次事件同时毁灭了两个完整的家庭，一个是家里未来的希望，而另一个是两岁半孩子的母亲，不由得让我们思索，是怎么样的一个心理，什么样的力量能够使他有如此大的胆子做出这样不可思议的事情？一个曾经多才多艺的大学生瞬间变成了泯灭人性的刽子手，这巨大的反差，让人百思不得其解。

药家鑫案告诉我们，道德教育和法治教育是培养健全人格的重要途径。一个不注重德育培养，一味造就考分机器的学校，永远培养不出社会栋梁。药家鑫用弹奏钢琴的手挥舞屠刀杀人，同时也向我们的教育体制捅了一刀，我们的校园应该反思，在教书的同时，是否注重了育人。那些只搞分数挂帅，德育、美育甚至体育课都形同虚设的学校，很有可能培养出像药家鑫式貌似"好学生"实则德盲、法盲的畸形产品。如果药家鑫在学校里经常参加社会实践活动，对社会情况多一些了解；如果药家鑫有尊重他人的起码道德；如果药家鑫在学校与老师和同学多一些心灵的沟通，在出事的第一时间能想到同学、师长，那么今天的悲剧也许就不会发生。

药家鑫案告诉我们，健康成长离不开良好的社会环境。市场经济条件下的拜金主义、信仰缺失的享乐主义、极端自私的个人主义，在一定程度上冲击着人们的道德防线。如果我们的社会、我们的媒体过多地去吹捧和渲染所谓的明星、大腕和富豪，那我们的社会风气就会偏离轨道。在药家鑫的大脑里，只有自己的利益是至高无上的，由于缺失了社会道德法纪这根绳索的束缚，他最终走上了不归路。

教学建议：

此案例可在绪论"提升思想道德素质与法治素养"教学中使用。

【案件10】如何理解思想道德为法律提供思想指引和价值基础

被告刘某、周某系夫妻，原告刘某某系二被告独生女。2012年11月，原、被告购买房屋约定共同所有，原告占90%，二被告各占5%。房屋交付使用后办理了房屋产权证，载明该房屋为成套住宅，权利人为刘某、周某、刘某某。

原、被告后因房屋装修发生争议，原告书面通知二被告停止装修未果，向法院提起诉讼要求将二被告10%房屋产权归原告所有，由原告补偿二被告2.8万元。审理中，二被告明确表示不愿转让其拥有的产权份额。

另查明，二被告仅有与原告共有的一套房屋居住，现暂住他人房屋。

该案历经一审、二审及再审程序，现已审理完结，并被最高人民法院收录作为公报案例。

最高人民法院裁判摘要：父母出资购房将产权登记在子女名下，具有赠予性质。子女不仅应在物质上赡养父母，也应在精神上慰藉父母，努力让父母安宁、愉快地生活。子女对父母赠予的房屋依物权法分则行使物权将损害父母生活的，人民法院可依物权法总则的规定不予支持。

案例来源：搜狐 / 信之源律师事务所 / 从一则公报案例，感受道德对法律的指引

https://www.sohu.com/a/198499872_99933700

问题思考：

如何理解道德与法律的关系？

案例评析：

本案诉争房屋系刘某、周某、刘某某按份共有。单从《中华人民共和国物权法》第九十七条之规定看，原告占份额90%，有权决定本案诉争房屋的处分，但本案中，原、被告系父母子女关系，双方以居住为目的购房，从购房的相关证据看，大部分房款由被告出资，并将大部分财产份额登记在原告名下，超出原告出资部分，具有赠予性质，系父母疼爱子女表现。

"百善孝为先"一直是中国社会各阶层所尊崇的基本伦理道德。亲子之爱是人世间最真诚、最深厚、最持久的爱，为人子女，不仅应在物质上赡养父母，满足父母日常生活的物质需要，也应在精神上慰藉父母，善待父母。原告虽然承诺财产份额转让后，可由其父母居住使用该房屋至去世时止，但双方目前缺乏基本信任，被告担心原告取得完整产权后变卖房屋而导致其无房居住，具有一定合理性。

同时二被告承诺有生之年不转让处分所享有份额，去世后其份额归原告所有，且二被告持有份额较少，单独转让的可能性较低。原告担心父母将财产份额转让他人，无事实根据。同时原告承诺该房屋由父母继续居住，目前要求其父母转让财产份额并无实际意义，徒增父母担忧，不符合精神上慰藉父母的伦理道德要求。

《中华人民共和国物权法》第七条明确规定："物权的取得和行使，应

当遵守法律，尊重社会公德，不得损害公共利益和他人合法权益。"综上，刘某某要求其父母转让财产份额的诉求与善良风俗、传统美德的要求不符，法院不予支持。

林肯曾说过："法律是显露的道德，道德是隐藏的法律。"道德与法律是社会规范最主要的两种存在形式，是既有区别又有联系的两个范畴。本案例以人民法院裁判方式厘清价值指引：当"清官难断家务事"时，法律应维护道德底线。

随着时代发展，不动产是每个家庭最重要的财产储备，在继承、分割时家庭成员间经常会出现分歧，进而导致更大的矛盾，影响整个家庭的和谐关系。

孝敬父母乃"天之经、地之义、人之行、德之本"，是中国传统伦理道德的基石，是千百年来中国社会维系家庭关系的重要道德准则，更是中华民族的传统美德。法律作为道德的底线，必然不会放纵严重违背伦理道德却看似有所依据的主张，肆意成行。

就像物权法基本原则的规定"物权的取得和行使，应当遵守法律，尊重社会公德，不得损害公共利益和他人合法权益"，法律并非指导日常行为的唯一准则，遵守社会公德一样值得我们重视。

教学建议：

此案例可在绪论"提升思想道德素质与法治素养"教学中使用。

【案例 11】民法总则"好人条款"解读

一天晚上，李某散步时看到一男子将一名女子拖到偏僻处实施猥亵，于是上前制止。该男子十分凶狠，二话不说挥起拳头，李某只好动手应付，双方打斗时，李某收不住脚步撞上那女子，导致其小腿骨折。

案例来源：百度/民法案例 好人条款 侵权责任

https：//zhidao.baidu.com/question/2143953103615644228.html

问题思考：

该名女子的损失由谁承担？为什么？

案例评析：

见义勇为是中华民族历来大力倡导和弘扬的崇高道德品质，也是社会主义核心价值观的内在要求。但是近些年来，社会生活实践中却频繁发生了诸如被救助人反咬一口的江苏南京"扶不扶"的"彭某"等英雄流血又流泪的事件，导致人们不敢见义勇为。探析系列事件的原因，这是见义勇为者易反被诬陷为侵权人或者见义勇为者因实施救助行为反而使自己人身或财产权利遭受损害，而现行法律却不能切实有效地保护救助人，致使部分社会公众在他人遇见紧急情况时冷眼旁观、坐视不理。

为了鼓励公民对不承担救助义务的他人实施救助，2017年3月15日，《中华人民共和国民法总则》经十二届全国人民代表大会第五次会议审议通过，于2017年10月1日起施行。其中第一百八十四条规定，因自愿实施紧急救助行为造成受助人损害的，救助人不承担民事责任。这一条款又被称为"好人条款"，该条款赋予了善意施救者必要的责任豁免权，极大地降低了善意施救者所要承担的风险，保护了善意施救者，其内容充分体现了社会主义核心价值观的精神。

这是我国第一次以立法方式将见义勇为人豁免规则制度化与规范化，这对于传承见义勇为这一中华民族传统美德和民族精神，凝聚社会正能量,建设中国特色社会主义法治国家具有极其重要的现实意义与价值。

由此可见,法律有效实施有赖于道德支持,道德践行离不开法律约束。法律难以规范的领域,道德可以发挥作用;道德无力约束的行为,法律可以践行惩戒。

教学建议:

此案例可在绪论"提升思想道德素质与法治素养"教学中使用。

【案例12】闻木樨花香否

黄庭坚,自号山谷道人,北宋的诗人,词人,书法家。他曾拜于晦堂大师门下,以求能够参禅,修身养性。

据传,黄庭坚是个性情急躁之人,而禅宗晦堂大师又是一个讲求"不立文字,教外别传"之人,所以师徒二人在参禅悟道之教学上难免发生冲突。

黄庭坚在跟随了晦堂大师多年后的一日,觉得自己什么也没学到,只是整天和晦堂大师看看山水,下下棋,他心里不免有些急切,于是就问晦堂大师:"有没有更快、更直接的方法让我参禅呢?"

晦堂大师听到自己的弟子这样对自己说话,心生不悦:"你读过《论语》吗?"

晦堂大师没有回答黄庭坚的提问,而是反问他一个问题,而这个问题甚至有点讥笑讽刺的意思,因为在那个时候的孩子都必须研习苦读《论语》的,对于小有成绩的黄庭坚来说,自然读过。

黄庭坚有些莫名,回答道:"当然读过。"

晦堂大师听到黄庭坚肯定的回答后说道:"既然你读过《论语》,可知'二三子,以我为隐乎?吾无隐乎尔!'"晦堂大师这句话的意思是:"徒弟啊,你以为师父对你有所保留吗?我没有对你隐瞒什么啊!"

黄庭坚还是没有明白晦堂大师的意思,甚至有些更糊涂了。

一日,晦堂大师看到黄庭坚无所事事地在院子里踱步,他走到了黄庭坚的身边,摆了一下长袖,轻声地哼了一声,径自地向山间走去。黄庭坚觉得莫名其妙,但也只能跟着师父走向山谷。

山谷里,正是金秋时节,满山遍野的木樨花开得正紧。

晦堂大师忽然停下脚步,转头对着紧跟在后面的黄庭坚说:"闻木樨香否?"

黄庭坚嗅了嗅周围的木樨花香,答道:"闻。"

晦堂大师面带微笑,又是轻轻地摆了摆衣袖,说道:"二三子,吾无隐乎尔。"

相传,自此,黄庭坚参悟了禅机,找到了心性的本源,后来在诗词以及书法方面取得了极大的成就。

案例来源:搜狐 / 兹心故事 / 闻木樨香否

http://www.sohu.com/a/144390581_409218

问题思考:

黄庭坚参悟了什么禅机?

案例评析:

木樨香否,怎可询问?得自己去闻去感受,在呼吸吐纳之间暗暗体会,在浮尘混动的空气中细细分辨。可是在这个忙碌浮躁,急功近利的大环境下,大家似乎都快忘记了怎么"闻"了。其实,木樨的香味就在那里，大街上，楼道前，浮动在窗口，萦绕在你走过的路上，就看你愿不愿意去闻。

"生活是一场学习。最根本的学习就是人格的进修"。修养来源于生活，生活中时时处处都散发着淡淡的木樨花的香味，不管是顺境还是逆境，我们身边的每一个人、每一件事情也许都有值得我们品味的地方，就看你是不是一个有头脑的人。

教学建议：

此案例可在绪论教学总结中使用。

第一章　人生的青春之问

一、教材分析

（一）教学目的

本章的教学目的是通过本章讲解，使大学生了解人的本质，了解人生观的主要内容，引导其树立科学高尚的人生观；使大学生能够理解人生价值的评价标准及其实现条件，激励其在实践中辩证对待人生矛盾，反对错误人生观，创造有意义的人生。

（二）教学重点难点

【教学重点】

1. 树立正确的人生观。
2. 创造有价值的人生。

【教学难点】

1. 如何确立科学高尚的人生追求？
2. 如何面对人生矛盾与选择？

（三）基本知识结构

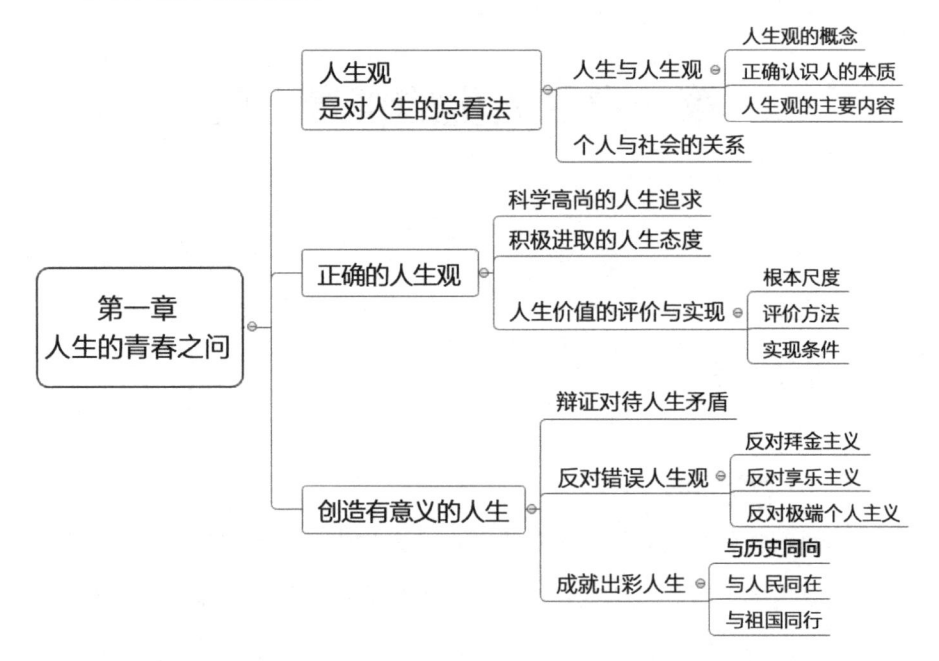

```
第一章              人生观              人生与人生观    人生观的概念
人生的青春之问      是对人生的总看法                   正确认识人的本质
                                                      人生观的主要内容
                                       个人与社会的关系

                   正确的人生观         科学高尚的人生追求
                                       积极进取的人生态度
                                       人生价值的评价与实现   根本尺度
                                                              评价方法
                                                              实现条件

                   创造有意义的人生     辩证对待人生矛盾
                                       反对错误人生观         反对拜金主义
                                                              反对享乐主义
                                                              反对极端个人主义
                                       成就出彩人生           与历史同向
                                                              与人民同在
                                                              与祖国同行
```

二、典型案例

【案例1】斯芬克斯之谜

斯芬克斯是古希腊神话中一个怪物，据说埃及最大的胡夫金字塔前的狮身人面怪兽就是他。传说在众神居住的奥林匹斯山一块石碑上刻着一句箴言。主神宙斯想把这句箴言告诉人类，于是他派了斯芬克斯来到人间。斯芬克斯把这句箴言化作了一道谜语。他坐在古希腊忒拜城附近的悬崖上，拦住过往的路人，用谜语问他们，猜不中者就会被它吃掉。这句谜语给当时的忒拜城居民带来了巨大的灾难。这个谜语就是："什么动物早晨四条腿走路，中午两条腿走路，傍晚三条腿走路？"后来俄狄浦斯从那里经过，猜中了正确答案。谜底就是"人"。在人生命的早晨，他是个孩子，用两条腿和两只手爬行；到了生命的中午，他变成壮年，只用两条腿走路；到了生命的傍晚，他年老体衰，必须借助拐杖行走，所以被称为三条腿。斯芬克斯听到答案，羞愧地大叫一声跳崖而死。

案例来源：百度百科 / 斯芬克斯之谜

https：//baike.baidu.com/item/ 斯芬克斯之谜 /2917?fr=aladdin

问题思考：

人的本质是什么？

案例评析：

斯芬克斯之谜并没能回答"人的本质是什么"这个问题。虽然人的一生可以大致划分为幼年、青年和老年三个时期，但无论是四条腿、两条腿和三条腿都无法概括人的本质。斯芬克斯的谜底也可以是一只猴子：早晨四脚着地出门，中午两脚着地摘果实，下午一只手抱着果实回家。我们最终得到的只是人可能的形态，而不是人的全部。即使具有人的外形，也未必有人的本质。面对"人是什么"或"人的本质是什么"这样的问题，中外思想史上许多思想家都从不同的角度提出了自己的见解，其中不乏真知灼见，为科学揭示人的本质提供了大量的思想资料。

马克思吸取了人类思想史上一切优秀的文化成果，特别是吸收了黑格尔的辩证法和费尔巴哈唯物主义的合理内核，在唯物史观的基础上，提出了一个观点。他在《关于费尔巴哈的提纲》中指出："人的本质并不是单个人所固有的抽象物。在其现实性上，它是一切社会关系的总和。"马克思的论述使"人的本质"问题在人类历史上第一次得到了科学的说明。

教学建议：

本案例可在第一章第一节"正确认识人的本质"教学中使用。

【案例2】"狼孩"是人吗

1920年，在印度加尔各答附近的一个山村里，人们在打死了一只狼后，在狼窝里发现了两个由狼抚养大的女孩：其中大的有8岁，后被取名为卡玛拉；小的有2岁，取名为阿玛拉。阿玛拉因体弱，不久死去。由于她们自幼远离人类社会，在狼窝里长大，所以一切生活习性都与狼别无二致。比如：她们不会直立行走，只能用四肢爬行；白天睡觉，晚间出来活动；怕光、怕火，不吃素食和熟食，只吃生肉，而且不是用手拿着吃，而是放在地上用牙齿撕咬；她们也不会说话，只会像狼一样引颈长嚎。在孤儿院人员的耐心抚养下，卡玛拉用了2年的时间才学会站立，6年的时间学会走路，到1929年她去世时，17岁，一共学会了45个词和几句简单的话，智力水平仅相当于4岁儿童。

案例来源：百度文库 / 狼孩的故事

https://wenku.baidu.com/view/bd43e7d949649b6648d747ca.html

问题思考：

"狼孩"是人吗？

案例评析：

狼孩的故事告诉我们：脱离了人类的社会环境，脱离了人类的集体生活就形成不了人所固有的特点，即使具有人的自然属性，个体也不可能发展为真正的人类,一如"狼孩"那样:有嘴不会说话,有脑不会思维,人和野兽的区别也湮灭了。人生正是这样一个社会化的过程。我们正是在这样一个逐渐社会化的过程中塑造自我、逐渐认识和领悟人生的。

正如孔子所言:"吾十有五而志于学,三十而立,四十而不惑,五十而知天命,六十而耳顺,七十而从心所欲,不逾矩。"孔子在此规范了对人生不同阶段特征的认识。意思是说:人在少年时,就应该有志向于求学问;三十岁时,应懂得做人的道理,开始自立于社会,而且说话做事都要有一定的把握;四十岁时,基本掌握了各种知识,不至于迷惑不解;五十岁时,应懂得自然和社会的规律,获得做人的真谛;六十岁时,由于有丰富的生活经验,所以应该是懂得分别真假,判明是非;七十岁时,由于积累了一生的生活经验,并卓有成效,所以修养境界应达到即使随心所欲,也因自觉性强,而不使任何念头超越一定的社会规范。

教学建议:

本案例可在第一章第一节"正确认识人的本质"教学中使用。

【案例3】杰克·伦敦的《热爱生命》

《热爱生命》是19世纪末20世纪初美国小说家杰克·伦敦创作的中篇小说,首次发表于1907年。《热爱生命》通过讲述一个孤独的淘金者在荒原上陷入困境,最后克服困难,得以生存的故事,展现了人性的伟大和坚强,表达了作者对生命的热爱与敬畏。

一个美国西部的淘金者返回的途中在越过一条小河时扭伤了脚腕,他的伙伴——比尔无情地抛弃了他,他独自在荒原上寻找着出路。脚伤让他每前进一步都非常困难，更可怕的是难以忍受的饥饿。出于无奈，他将淘来的金沙平均分成两份，将其中的一份小心翼翼地藏好，带着另外的一份继续艰难地前行。令他喜出望外的是，他在途中发现了一只受伤的松鸡，他似乎看到了希望，忍着剧烈地脚痛拼命地去追赶那只松鸡，结果迷路了。此时的他消耗掉了相当多的体力，因而他选择把剩下的金沙又分成了两份，然而这一次他把其中的一份儿直接倒在了地上。没过多久，他就把所有的金沙全都扔掉了。就在他的身体非常虚弱的时候，他遇到了一只生病的狼。他发现这只病狼跟在他的身后，舔着他的血迹尾随着他。就这样，两个濒临死亡的生灵拖着垂死的身躯，在荒原上互相猎取对方。为了活着回去、为了战胜这匹令他作呕的病狼，最终在人与狼的战斗中人获得了胜利，他咬死了狼，喝了狼的血。最终他获救了，使生命放射出耀眼的光芒。

案例来源：百度百科 / 热爱生命

https://baike.baidu.com/item/热爱生命/95?fr=aladdin

问题思考：

如何看待人生目的？

案例评析：

这个悲壮的故事，生动地展示了人性的伟大和坚强，奏响了一曲顽强的生命赞歌，可谓撼人心魄。它告诉我们，人活着要有目的性，只要心中生存的信念还在，就不会轻易放弃自己的生命，再窘困的处境也能绝处逢生。人的生命过程就是围绕着人生目的不断实践的过程，不同的人生目的就会有不同的人生。

"人为什么要活着？"首先体现了"人活着的偶然性"。人为什么活着的问题实际上是人为什么存在的问题。人的存在有其必然性亦有其偶然性。生命由低级向高级变化发展，人要活着是一条不以人的意志为转移的客观规律，违背这个规律就不能不受到自然法则的惩罚。这就告诉我们，人活着唯一能确定的必然，就是走向死亡。除此之外，没有任何必然的东西可以依靠。

"人为什么要活着？"还体现了"人活着的目的性"。台湾女作家罗兰说："一个人活着而没有目的，他就会觉得彷徨、苦闷和不安，而唯有当一个人确实了解他自己所要过的是什么生活，和他所要追求的目标到底是什么之后，他才会觉得他的生命充实和有意义。"（百度文库 / 罗兰小语 https：//wenku.baidu.com/view/7c813d898762caaedd33d41c.html）

教学建议：

本案例可在第一章第一节"人生目的"教学中使用。

【案例4】放牛娃的故事

一位记者到我国某贫困地区采访，碰到一个放牛娃，就问他："你在这儿放牛做什么？"放牛娃："让牛长大！"记者："那牛长大以后呢？"放牛娃："卖钱，盖房子。"记者："有了房子又做什么？"放牛娃："娶媳妇，生娃。"记者："生了娃呢？"放牛娃："让他也来放牛呗！"

大家都知道这个故事，但是大家可能不知道这个故事后续发生的事情。这也是一个真实的事情：一个初中生看了电视，想到了自己——我为什么读书？考大学。考上大学又为什么？找一份好工作。有了好工作又怎样？找一个好老婆。然后呢？生孩子，让他也读书，考大学，找工作，娶媳妇。生命轮回，周而复始。"这样的生活没有意义，这样的生命没有价值。"——这个14岁的少年得出了这样的结论。夜里,在与父母一墙之隔的自己房间里,他割腕自杀了。

案例来源:豆丁网/讨论如何树立正确的人生观

http://www.360doc.com/content/14/0409/18/6222433_367562655.shtml

问题思考:

为什么这个孩子会自杀?

案例评析:

这个事例反映了本章知识点人生目的决定人生道路:一方面,人生目的规定了人生活动的大方向,对人们所从事的具体活动起着定向的作用,另一方面,人生目的又是人生行为的动力源泉,为实现人生目的,人们会注重培养能力,磨炼意志,奋发进取,努力拼搏。古今中外众多创造了辉煌壮丽人生的志士仁人,多在青年时期就确立了正确的人生目的,从而在解决人生的一系列重大课题时,作出正确的选择,始终朝着正确的人生发展方向前进。

教学建议:

本案例可在第一章第一节"人生目的"教学中使用。

【案例5】三个工人砌墙的故事

《砌墙》是一个西方传统的教育故事。故事内容如下:三个工人在砌一面墙。有一个好管闲事的人过来问:"你们在干什么?"第一个工人爱理不理地说:"没看见吗?我在砌墙。"第二个工人抬头看了一眼好管闲事的人,说:"我们在盖一幢楼房。"第三个工人真诚而又自信地说:"我们在建一座城市。"十年后,第一个人在另一个工地上砌墙;第二个人坐在办公室中画图纸,他成了工程师;第三个人呢,成了一家房地产公司的总裁,是前两个人的老板。

案例来源:百度文库/人生态度

https://wenku.baidu.com/view/c304529076eeaeaad0f33039.html

问题思考:

仅仅十年的时间,三个人的命运就发生了截然不同的变化,是什么原因导致这样的结果?

案例评析:

三个人的起点都是一样的:砌墙,盖房子。但三个人的想法不同,第一个人没有人生目标,重复做一个砌房子的工人;第二个人有了一个盖一幢楼房的目标;第三个人目标更长远,建设一个城市。目标不同,人生结果不同。人生目的决定了人生态度。这三个工人的命运之所以会在十年后发生翻天覆地的变化,不仅因为他们的梦想不同,更是因为他们对待工作的态度。态度决定一个人的成长高度。一个人的态度决定了能否把一份工作、一件事情做得更完善、更完美。埃及有句古话,能登上金字塔的只有两种动物,鹰和蜗牛。鹰因为有一双翅膀,能够登上金字塔不难理解。那么小小的行动迟缓的蜗牛是凭靠着什么登上金字塔的?正是认真、坚持的态度。不管目标多么遥远,过程多么艰难,只要抱有正确积极的态度去对待,那么梦想总会实现。

美国成功学励志专家拿破仑·希尔曾说过:"人与人之间只有很小的差

异,但是这种很小的差异却可以造成巨大的差异。很小的差异即积极的心态还是消极的心态,巨大的差异就是成功和失败。"具有高远人生目标的人,必然会以积极、乐观心态面对生活中的种种问题,有努力必有回报,所以,他们的人生结果就大大不同。也许我们在工作、生活中有太多不如意,可是这些都不能阻挡我们前进的脚步,不能牵制我们飞扬的心。只要我们持有真诚、积极的态度,那么心有多高,我们就能飞多高!

教学建议:

本案例可在第一章第一节"人生目的"教学中使用。

【案例6】维克多·弗兰克尔《活出生命的意义》

《活出生命的意义》是2010年6月1日华夏出版社出版的图书,作者是维克多·弗兰克尔。这本书主要讲述纳粹时期弗兰克尔开创意义治疗法的励志故事。

维克多·弗兰克尔是波兰精神病学家、犹太人,二战期间,他的全家都被关进了奥斯威辛集中营,他的父母、妻子、哥哥,全都死于毒气室中,只有他和妹妹幸存。在狱中,他看到狱中伙伴一个个被残酷折磨而死去,心中不免恐惧。但他是研究精神心理的,他想,"我不能这样死去,我要战胜恐惧,我要看到希特勒的灭亡"。于是,他开始控制自己的思想,想高兴的事,不被恐惧所吓倒。他看到,虽然狱中囚徒们处于完全相同的恶劣环境,但有的人颓废倒下了,而有的人却越活越坚强。这样,他心中有了信念,就有了力量,使他能坚强地活下来。希特勒灭亡后,他根据狱中观察与研究,出版了《活出生命的意义》一书,书中详细描述了他在狱中的磨难和感受。他说：在某种意义上，人不是活在物质里，而是活在自己的精神里，如果精神垮了，没有人能救得了你。环境影响人，同样人也会影响控制环境，在相同环境下，由于人们对环境采取不同的态度，必然会产生不同的结果。

案例来源：百度百科/活出生命的意义

https：//baike.baidu.com/item/活出生命的意义/10009262?fr=aladdin

问题思考：

维克多·弗兰克尔靠什么从集中营活着出来？

案例评析：

这个故事告诉我们一个真理：环境影响人，同样人也会影响控制环境，在相同环境下，由于人们对环境采取不同的态度，必然会产生不同结果。大学生身处国家发展的重要战略机遇期，既面临着难得的人生机遇，也面临着艰巨的人生挑战，在人生实践中会遇到各种各样的矛盾和困难，需要以正确的人生态度来应对挑战。

教学建议：

本案例可在第一章第一节"人生态度"教学中使用。

【案例7】画家和"狼桃"的故事

相传在南美洲的深山密林里，生长着一种果实艳丽的植物。当地人把它当作有毒的果子，称之为"狼桃"，只用来观赏，无人敢食。到了16世纪，英国有个名叫俄罗达拉里的公爵去南美洲游历，第一次见到番茄，就被它艳丽的色彩所深深吸引，于是就把它带回了英国，作为稀世珍品献给他的情人伊丽莎白女王，以示对爱情的忠贞。此后，番茄便有了"爱情果"的美名。欧洲人同南美洲人一样，只是欣赏其艳丽，不敢品尝其味道。

18世纪末，法国的一名画家在为西红柿写生时，被它艳丽的色泽所吸引，决心冒着生命的危险亲口尝一尝"狼桃"，以验证"狼桃"是不是真的有剧毒。他写下遗嘱，穿好入殓的衣服，视死如归地吃了一个。然而，勇敢的画家不但没死，连一丝一毫不适的感觉都没有。这可口的滋味，反而使他更加神经紧张。于是这位画家干脆躺在床上，等着死神的召唤。可是他并没有死去。西红柿的食用之谜由此被揭开了，立即风靡世界，成为人们争相食用的时蔬佳品。今天，"狼桃"已在世界各地广为栽种，人们重新给它起了个美妙动听的名字"西红柿"。

案例来源：百度知道/狼桃的故事

https://zhidao.baidu.com/question/549038337.html

问题思考：

如何理解价值？

案例评析：

这个故事揭示了价值的产生是同人们的需要相互联系的。价值属于关系范畴，从认识论上来说，是指客体能够满足主体需要的效益关系，是表示客体的属性和功能与主体需要间的一种效用、效益或效应关系的哲学范畴。价值作为哲学范畴具有最高的普遍性和概括性。价值是先天存在的，只是等待着被人类所认识和发掘，这一过程是人类的需求在起作用。当西红柿被叫作"狼桃"的时候，没有什么人需要它，当第一个吃的人发现它的美味的时候,它的价值就被发掘了,人们才开始需求它,人类的需求引得大量种植西红柿。第一个吃"狼桃"的人也是出于某种目的才发现它的作用的。所以任何物品的价值都是先天存在的,等待着人类去发现,去需要。当人类形成需求的时候,其价值就产生了。价值就是现实的人的需要与事物属性之间的一种关系,亦即主体与满足主体需要的客体之间的一种关系。所谓主体就是指从事实践活动和认识活动的人;所谓客体就是指能满足人的某种需要,成为人们实践活动和认识活动的对象。客体包括:劳动力、生产工具等生产要素。某种事物或现象具有价值,就是该事物或现象能满足人们某种需要,成为人们所追求的对象。

价值是一个具有广泛意义的社会范畴。最早是用来反映凝结在商品中的人类的一般劳动,属于经济学的特定范畴。19世纪,德国哲学家把"价值"这一概念从经济领域引入哲学领域,赋予其更为广泛的意义。在日常生活中,价值是人们经常会碰到的问题,如做事说话经常要考虑"值不值得""有没有益处""美不美",这里的"值""益""美"就是一种价值判断。

教学建议:

本案例可在第一章第一节"价值"教学中使用。

【案例8】一个牧师的最后遗言

2003年,《海外文摘》刊登了这样一个故事:在法国里昂有一个牧师叫内德·兰塞姆,他一生中接受了无数人的临终忏悔,很多忏悔都是对人生的感悟,他觉得非常有意义,特别想把它整理出来编辑成书,以警示世人。后来,突发一场大火,把他的所有资料全烧毁了。这时他年老体弱,再也没有能力去整理这些忏悔。最后，他在自己的墓碑上留下了这样的至理名言："假如时间可以倒流，世界上将有一半的人可以成为伟人。"

案例来源：百度文库/关于自强进取的作文素材

https://wenku.baidu.com/view/bcc3f852492fb4daa58da0116c175f0e7dd1195b.html

问题思考：

为什么人们会有临终忏悔？是什么决定人们的行为选择？

案例评析：

此案例涵盖了人们对人生价值的看法。所谓人生价值指的是个体人生满足社会需要的事实与程度。也就是说，一个人的人生是否有价值，并不存在于这个人本身之中，而存在于他与社会、与他人的关系之中。人生价值就是人们从价值角度考虑人生问题的根据。

人的生命过程不同于其他动物的生命过程，它不仅是一个自然过程，还是一个包含着极为丰富的社会内容的过程。人不仅活着，还要生产、交往、创造，形成一定的人生价值目标，以一定的人生观指导自己的行为，赋予人生这样或那样的意义。

人生价值包括三方面内容：作为生命载体的价值，作为物质财富创造者的价值，作为精神文明创造者的价值。这三方面价值表现出了这样的特点：实质上的价值和工具上的价值。

许多人之所以在生活中走偏了路，其原因乃是没有弄清楚人生价值的内涵，混淆了"实质价值"和"工具价值"这两者间的差异，常常耗费心力于那些并非真正想要的工具价值上，因此才会遭受那么多的痛苦。唯有实质价值才能使你的心灵得到满足，让你的人生更丰盛、收获更多。

教学建议：

本案例可在第一章第一节"人生价值"教学中使用。

【案例9】时代成就"篮球梦"

姚明，1980年9月12日出生于上海市徐汇区，祖籍江苏省苏州市吴江区震泽镇，中国职业篮球运动员，司职中锋，中职联公司董事长兼总经理，现为中国篮球协会主席，北京体育大学中国篮球运动学院名誉院长。姚明在其退役演说时说过这样的话：最后，我要感谢这个伟大、进步的时代，使我有机会去实现自己的梦想和价值，我曾经说过，有一天我的职业篮球生涯结束了，我希望那只是一个逗号，不是一个句号，今天这一天终于到来了，但我没有离开篮球，我的生活还在继续，我还是姚明，我还有很多事情可以做，远远没有到画上句号的那一天。

案例来源：网易首页 / 姚明声明全文：我不得不离开赛场 决定正式退役 http://sports.163.com/11/0720/14/79DO220U00051CA1.html

问题思考：

如何理解个人与社会的关系？

案例评析：

2018年，姚明38岁。他是这些年流行语境里的第一代"80后"。这个"80后"见过了大场面、经过了大阵仗，如今又挑起了大担子。他是这个时代醒目的人物，不仅因为超拔的身高和球场上那些叱咤风云的时刻。某种意义上，姚明已经成为一个包含着诸多意味的符号——赛场传奇、中外交流、体育改革、社会公益……每个符号于他都不是空泛的概念，不断的角色切换中，每次展开的故事都足够生动。

2002年，姚明获"感动中国十大人物"，颁奖词这样写道：他用高超的体育技能，在一个强手如林的国家运动项目中占有了一席之地，成就了很多人的梦想，更成为中国人的骄傲。他出色的表现和随时听从祖国召唤的爱国精神，使他带给人们的思考已经远远超过了体育本身。对祖国的情感，对现在的把握和对未来的期待，都将使他成为中国体育和NBA的历史人物。姚明之所以感谢时代，是因为祖国的改革开放政策，使他有机会走出国门，在国际体坛上展现自己的才能；是因为有许多前辈，他们也有这种技能，但是没有成就个人梦想的机会；所以他感谢中国这个伟大、进步的时代。当然，姚明的成功跟他自身的努力分不开。

个人与社会是对立统一的关系，两者相互依存、相互制约、相互促进。一方面，个人对社会具有依赖性。首先，个人的生存离不开一定的社会条件。其次，个人的发展依赖于社会。个人对社会的依赖性使个体的发展和社会的发展具有一致性，也有矛盾性。社会对个体既有促进作用，又有制约作用。社会的全面发展和进步，推动着个人的全面发展和进步。另一方面，个人对社会具有能动性。人对社会的依赖性，并不是说人只能消极地依附于社会，而是能够积极主动地认识、创造着社会，从而推动了社会由低级向高级发展。

人的社会性决定了人只有在推动社会进步的过程中，才能实现自我的发展。2019年4月30日，习近平总书记在纪念五四运动100周年大会上这样寄语青年：青年的人生目标会有不同，职业选择也有差异，但只有把自己的小我融入祖国的大我、人民的大我之中，与时代同步伐、与人民共命运，才能更好实现人生价值、升华人生境界。离开了祖国需要、人民利益，任何孤芳自赏都会陷入越走越窄的狭小天地。

教学建议：

本案例可在第一章第一节"个人与社会的辩证关系"教学中使用。

【案例10】"天眼之父"南仁东

南仁东（1945年2月—2017年9月15日），中国天文学家、中国科学院国家天文台研究员，曾任FAST工程首席科学家兼总工程师，主要研究领域为射电天体物理和射电天文技术与方法，负责国家重大科技基础设施500米口径球面射电望远镜（FAST）的科学技术工作。2017年5月，获得全国创新争先奖；2017年7月，入选为2017年中国科学院院士增选初步候选人。

南仁东于1945年出生，1963年就读于清华大学，于中国科学院研究生院获硕士、博士学位。后在日本国立天文台任客座教授，1982年，他进入中国科学院北京天文台工作。1994年起，一直负责FAST的选址、预研究、立项、可行性研究及初步设计。作为项目首席科学家、总工程师，负责编订FAST科学目标，全面指导FAST工程建设，并主持攻克了索疲劳、动光缆等一系列技术难题。2016年9月25日，其主持的FAST落成启用。

2017年9月15日晚，南仁东因病逝世，享年72岁。

案例来源：三联生活周刊/"天眼之父"南仁东：梦想与坚守

http://www.lifeweek.com.cn/2017/1012/49670.shtml

问题思考：

如何看待南仁东的人生价值？

案例评析：

"天眼"是什么？它是我国自主知识产权的作品，是世界上最大最灵敏的单口径射电望远镜。别小看我们国家这口"锅"，它比美国最先进的阿雷西博 350 米望远镜综合性高 10 倍，比德国波恩 100 米望远镜灵敏度高 10 倍，能收到 1351 光年外的电磁信号，未来甚至能捕捉外星生命信号！就是这项工程让外国所有的天文学家望尘莫及，就是南仁东让中国成为世界上看得最远的国家。

南仁东先生曾经说过："人活着还是要做一点事"，他的一生只做一件事！

二十四载，8000 多个日夜，为了追逐梦想，500 米口径球面射电望远镜首席科学家、总工程师南仁东心无旁骛，在世界天文史上镌刻下新的高度。

高尚的人生目的总是与奋斗、奉献联系在一起的。正因为有南仁东这群人，他们为了国家、民族奉献出人生最美好的年华，即便功勋在身，也没有过多奢求，直到人生的最后一刻，依旧想着为社会作更多贡献。从他们身上，我们看到的不仅是非凡的才华和勇气，更是老一辈革命家、科学家们深藏功与名的伟大人格。他的一生用英国小说毛姆的《月亮与六便士》中的一句话来比喻最恰当不过："在这个满地都是金钱的年代，他却抬头看见了月亮"，南仁东正是在服务人民、奉献社会的人生追求中，实现了自己的人生价值。

教学建议：

本案例可在第一章第二节"科学高尚的人生追求"教学中使用。

【案例11】《战狼2》票房成绩引发的思考

2017年暑期,《战狼2》50亿的票房已不能阻挡它的脚步。观看人数已逾上亿人次令很多人感到惊叹,可能有的人还不止一次观看。"没想到,没想到这么猛,没想到它才是年度爆款。"浙江某院线总经理连连说了三个"没想到"。有人说,市场低迷的暑期档,吴京就这么做到"站着就把钱赚了"。

案例来源:百度/《战狼2》勇者归来,50亿票房实至名归,这是吴京大写的真

https://baijiahao.baidu.com/s?id=1575992811483368&wfr=spider&for=pc/2017-08-1723:31

问题思考:

吴京为什么能成功?

案例评析:

《战狼2》感动我们的不仅仅是其中蕴含的爱国主义情怀,更是吴京努力拼搏的工作态度。一位知名人士曾经说过一句话:在当下中国不缺聪明的人,只是缺把自己本职工作做好的人。而吴京就是这样的人。认真你就输了,一直认真你就赢了。

《战狼1》筹备了7年,吴京在特种部队待了18个月,体验军营生活。《战狼2》一个跳水动作,彩排他一共跳了26次,体力不支被救生员救回来;片头6分钟的水下戏,他拍了半个月,演员们每天在水里的时间超过10个小时。一般三四个月就拍完的电影,剧组上千人硬是顶着艰苦的条件,在非洲耗了10个月。

从一个非著名演员到《战狼》导演,他是靠着情景预演、控制情绪、反思失败,才一步步摸索出来的。可以说,背水一战,吴京认真的态度,为他赢得了成功。

《战狼2》火了,离不开吴京的努力拼搏。是他对自我的严格要求,才有了这样一部让人们交口称赞的好影片。优秀的作品背后,是一群认真努力的人。

吴京用他的经历告诉我们这样一个道理:这个时代,不会辜负认真努力的人。有梦想,一定要付出实际行动,一分耕耘、一分收获。在追求梦想的道路上,难免会遭受挫折和失败,坚持心中的梦想,不抛弃、不放弃,一步一步朝着梦想前进,就算需要很长的时间,需要付出巨大的代价,也是值得的!

教学建议:

本案例可在第一章第二节"积极进取的人生态度"教学中使用。

【案例12】卡尔·马克思的革命乐观主义精神

卡尔·马克思,全名卡尔·海因里希·马克思(德语:Karl Heinrich Marx,1818年5月5日—1883年3月14日),马克思主义的创始人之一,第一国际的组织者和领导者,马克思主义政党的缔造者,全世界无产阶级和劳动人民的革命导师,无产阶级的精神领袖,国际共产主义运动的开创者。

马克思的一生,是革命的一生,也是贫困漂泊的一生。在伦敦,马克思度过了一生中最困难的日子。在5年时间里,马克思因为经济和债务问题,精神焦虑,受疾病所苦情绪不佳,四个孩子中的三个死亡。但在这期间，马克思写出了他的最重要著作——《资本论》（第一卷）。马克思在思想上是富有者，在经济上却是严贫户，这位对资本主义经济有着透彻研究的伟大经济学家，本身一贫如洗，他的一生几乎是在贫困潦倒中度过的。马克思没有固定的工作，一家人的经济来源主要靠他极不稳定而又极其微薄的稿费收入，加之资产阶级对他的迫害和封锁，使饥饿和生存问题始终困扰着马克思一家，差不多把马克思置于死地。在颠沛流离的生活中，他常常囊空如洗，衣食无着，在困境的泥沼中挣扎。如果不是恩格斯在经济上长期无私的援助，马克思无法从事领导国际无产阶级运动和专心理论创作。德国著名的马克思主义史学家梅林评论道："在19世纪的天才人物当中，没有一个人曾经经受过比一切天才中最伟大的天才——卡尔·马克思所经受的更痛苦的命运了。还在他开始进行社会活动的头十年当中，他就不得不同经常的穷困进行搏斗，而从移居到伦敦时起，他就面临着亡命生活的全部可怕的遭遇。但是真正当他通过不倦的努力在年富力强之际取得了最高成就的时候，他却遭到了真正的普罗米修斯式的命运，而成年地、成十年地为日常生活需要所缠累，为一块必不可少的面包而操心苦恼。一直到逝世，他都没有能够在资产阶级社会中为自己争取到一个哪怕是勉强过得去的生活。"

案例来源：百度/卡尔·马克思

https：//baike.baidu.com/item/卡尔·马克思/158728?fr=aladdin#2

问题思考：

马克思为什么能保持革命乐观主义精神？

案例评析：

革命乐观主义是指革命者对生活、事业和社会发展的前途充满坚定信念和进取精神的精神面貌。在历史上，一些进步思想家和从事进步事业的革命者已表现出革命乐观主义的精神，马克思主义诞生后，产生了无产阶级的革命乐观主义。它继承和发展了历史上的乐观主义，成为无产阶级世界观的表现之一。由于革命乐观主义建立在对社会发展规律的科学认识和对人民群众力量以及新生事物必胜的基础上，对实现共产主义抱必胜信念，因而在任何情况下都能保持乐观、开朗的心情，始终具有坚定的革命意志和朝气蓬勃的精神状态。它与盲目乐观有根本区别。以马克思对资本的态度为例，如果马克思是个理想主义者，他可能就会认为资本限制不对，应该取消它。但马克思没有要取消资本，而是说劳动者要掌握资本，要会利用资本。如果一个人不能掌握资本，无论剥夺多少资本家的财富，都无法剥夺剥夺者，因为根本不懂金融，怎么剥夺？所以马克思说，无产阶级只能用资本来反对资本。因此，他是一个清醒、现实的乐观主义者。

教学建议：

本案例可在第一章第二节"积极进取的人生态度"教学中使用。

【案例13】孟祥斌，一个人感动一座城

孟祥斌，解放军驻金华某部司令部的参谋，中尉。2007年11月30日11时许，孟祥斌刚刚完成训练任务回到部队，与临时来队探亲的妻子和3岁的女儿，利用休息时间前往市区购物。途经通济桥时，忽然传来"救人啊，有人要跳江"的呼喊。孟祥斌循声望去，只见一位年轻女子扔掉手机，从10多米高的桥上跳入江中，在水中上下沉浮，情景十分危急。孟祥斌说了声"来不及了"，便迅速脱掉上衣外套和鞋子，跃上桥栏，纵身跳入冰冷的江中，奋力游向轻生女子。孟祥斌奋力一次又一次将落水女子托出水面。

因江宽水凉,体力不支,他和女子渐渐下沉。这时,闻讯赶来的一艘快艇驶近,孟祥斌用尽最后的力气将女子托出水面。快艇工作人员将女子拉上快艇,可孟祥斌却沉入江中,献出了28岁的年轻生命。金华市将近十万人自发来为他送行。2007年孟祥斌被评为感动中国年度人物。孟祥斌的事迹引起了很大的反响,也引起了一些人的质疑。有位网友说孟祥斌太不负责任了,他对妻子对女儿对家庭都不负责任。还有一个网友说:"如果当时他能来得及脱点衣服,可能也不会因体力不支而离开他的妻女了。"有网友认为,救人固然没有错,但是以付出生命的代价救人,不值!以牺牲一名优秀战士的生命为代价来换取一个轻生女子的生命,更不值。

案例来源:浙江在线/孟祥斌,一个人感动一座城

http://zjnews.zjol.com.cn/05zjnews/system/2007/12/05/009028820.shtml

问题思考:

你如何看网友的言论?

案例评析:

2008年2月17日在感动中国人物评选会上,孟祥斌的妻子行了一个军礼,震撼了无数人的内心。在颁奖现场,他的妻子叶庆华道出了不为人们熟知的英雄家族的传奇史。她说,孟祥斌是我们家第七位烈士。在抗日战争、解放战争时期,我的爷爷、爷爷的兄弟、伯父、伯母、舅姥爷六位亲人先后牺牲了,孟祥斌是我家第七位烈士。"他是一个很平凡的人,只是做了一件军人应该做的事情。"孟祥斌的妻子这样一句平凡的话,令无数人潸然泪下。针对网友的言行,叶庆华说:"我不这样认为,就像他的一位战友说过的那样,选择了军营,就应该牢记当初对着国旗的庄严宣誓:我们的生命属于国家,属于人民。"

作为一个社会中的人，承担社会的责任，为社会作贡献，是社会存在和发展的必不可少的前提。只有人人承担起自己应尽的责任和义务，为社会多作贡献，社会的财富才能不断地增加，才能为人们享有权利和自由提供雄厚的基础，人也只有在承担社会责任、履行社会义务中，才能使自己的人格健全、品德高尚，个人的自我价值也才能得到充分实现。

教学建议：

本案例可在第一章第二节"人生价值的评价与实现"教学中使用。

【案例14】两代大学生的人生价值

1982年7月11日，因救不慎跌入化粪池的69岁老农魏志德，第四军医大学空军医学系大学三年级学员张华年轻的生命画上了句号，年仅24岁。牺牲之后，他被中央军委追记一等功，授予革命烈士称号。他的事迹也引起了几乎所有的主流媒体的关注和广泛报道，而一场围绕着张华的争论也在全国大学生和整个社会中展开。

2009年10月24日，长江大学陈及时、何东旭、方招等15名同学在长江荆州宝塔湾江段野炊时因救两名落水儿童，陈及时、方招、何东旭三名同学不幸被江水吞没，献出了年轻的生命。为表彰他们的先进事迹，教育部决定授予徐彬程等15名同学"全国见义勇为舍己救人大学生英雄集体"荣誉称号，追授陈及时、何东旭、方招同学"全国舍己救人优秀大学生"荣誉称号。

案例来源：百度百科/张华

https://baike.baidu.com/item/张华/6626

百度百科 / 长江大学见义勇为舍己救人大学生英雄集体

https://baike.baidu.com/item/长江大学见义勇为舍己救人大学生英雄集体/2916967?fr=aladdin

问题思考：

如何看待衡量人生价值的标准是精神？两代大学生体现了什么样的人生价值？

案例评析：

"大学生救人溺亡"事件被报道后，立即引起了社会的广泛关注。其中，反应最强烈的莫过于，继大学生张华救掏粪老农牺牲之后，再次引发的"大学生救人牺牲值不值得"的讨论。值，还是不值？从生命价值看，两人价值是同等的；从物质财富看不值，但张华事件的意义在于他舍己救人的精神胜过千万物质财产，影响了千千万万中国青年。

从三位大学生身上我们看到了人类最为可贵的精神——面对危险，选择帮助别人。他们的选择既是出于善良的本性，也是由他们自身素质决定的。他们以生命为代价告诉我们：人是需要精神的，衡量人生价值的标准是精神而不是金钱。

评价人生的价值，应承认人们对社会的物质贡献和精神贡献都是社会发展和进步的推动力量，既要看一个人对社会作出的物质贡献，也要看其对社会作出的精神贡献，同时还要充分肯定从事物质生产劳动的人同样可以对社会作出巨大的精神贡献。

教学建议：

本案例可在第一章第二节"人生价值的评价与实现"教学中使用。

【案例15】公交司机在生命最后时刻的选择

2004年7月19日,大连市公汽联营公司驾驶员黄志全,在行车途中突发心脏病,在生命的最后一分钟里,他做了三件事:把车缓缓地停在路边,并用生命的最后力气拉下了手动刹车闸;把车门打开,让乘客安全地下车;将发动机熄火,确保了车和乘客的安全。之后,他趴在方向盘上停止了呼吸。

2012年5月29日,杭州长运公司的司机吴斌驾驶着浙A19115大型客车从无锡返回杭州,车上有24名乘客。当车行驶至锡宜高速公路宜兴方向阳山路段时,一块大铁片突然从天而降,在击碎挡风玻璃后,砸向吴斌的腹部和手臂。这个飞来的铁片相当于一颗微型炸弹的力量。他临危不惧,忍痛用1分16秒缓缓靠边停车,站起来请乘客报警,并且嘱咐:"别乱跑,注意安全。"最终,24名乘客无一受伤,48岁的吴斌却伤重不治。

"最美司机"生命最后1分16秒的视频在网上热传,吴斌被称为2012年感动杭州的"最美司机"。一位网民评论:只有当敬业成了习惯,深入骨髓,才有可能在生命的最后瞬间爆发出超出想象的能量。

案例来源:百度文库/最美公交司机

https://wenku.baidu.com/view/76a909ef6bec0975f565e263.html

百度/最美司机吴斌:生命的最后关头,他依旧坚守在岗位上!

https://baijiahao.baidu.com/s?id=1612232091859775645&wfr=spider&for=pc

问题思考:
如何看待两位司机在生命最后时刻所做的选择?

案例评析:
面对突发事件,两位司机选择了同样的行为:保全他人的安全。他们的行为感动了所有的人。毛泽东曾经说过这样一句话："一个人能力有大小，但只要有这点精神，就是一个高尚的人，一个纯粹的人，一个有道德的人，一个脱离了低级趣味的人，一个有益于人民的人。"在衡量人生价值时，我们必须把一个人是否对社会尽职尽责与他对社会所作的贡献统一起来，如果一个能力较大的人和一个能力较小的人，他们都各尽所能，为社会作出了贡献，社会就会承认他们都实现了人生价值。如果能力大的人只尽了一半的能力就作出了比能力小的人用尽了所有的能力方能作出的贡献，那么社会就会认为能力小的人实现了全部人生价值，能力大的人并没有实现全部人生价值。这就是人生价值评价的辩证法。

教学建议：

本案例可在第一章第二节"人生价值的评价与实现"教学中使用。

【案例 16】杂交水稻之父袁隆平

袁隆平，汉族。1953 年毕业于西南农学院，分配到湖南安江农校任教。1964 年开始杂交水稻研究，1971 年调入湖南省农业科学院，1978 年晋升为研究员，被评为全国劳动模范。1995 年当选为中国工程院院士，现任国家杂交水稻工程技术研究中心主任。袁隆平的籼型杂交水稻研究获我国迄今唯一特等发明奖；湖南省委、省政府授予袁隆平"功勋科学家"称号；我国发现的国际编号为 8117 的小行星被命名为"袁隆平"星；他先后荣获联合国教科文组织"科学奖"和联合国粮农组织"粮食安全保障荣誉奖"等 8 项国际奖励。2001 年获得首届国家最高科技奖。

案例来源：百度百科/杂志水稻之父袁隆平

https：//baike.baidu.com/item/杂交水稻之父袁隆平/807726?fr=aladdin

问题思考：
袁隆平的经历对我们有什么启发？

案例评析：
从袁隆平的成长历程，我们可以看出袁隆平的成功，既有自我价值的实现，也有对社会的贡献。一个人的自我价值体现在他的社会价值中，追求社会价值是一个人实现自我价值的根本方式。我们可以把自我价值与社会价值的有机统一称为"价值回流"关系。当一个人对社会作出了自己的贡献之后，社会就会以物质财富或精神财富的方式回馈给他，正所谓有为才有位。

个体对社会和他人的生存和发展贡献越大，其人生的社会价值也就越大；反之，人生的社会价值就越小。如果个体的人生活动对社会和他人的生存和发展不仅没有贡献，反而起到某种反作用，那么，这种人生的社会价值就表现为负价值。

教学建议：
本案例可在第一章第二节"人生价值的评价与实现"教学中使用。

【案例17】清华"馒头神"张立勇的故事

1996年，江西小伙张立勇成为清华大学食堂的一名厨师。出身贫寒的他克服了自卑，业余时间刻苦自学，通过了大学英语四、六级考试，托福考了630分，被很多高校邀请去作演讲，实现了从灶台走向讲台的人生跨越。他的成长经历很简单，小时候的梦想就是吃饱饭。高中毕业后，带着高中课本去打工，在清华当厨师深感自卑，在英语角受嘲笑激发斗志，最终实现了从灶台走向讲台的梦想。

案例来源：清华大学 / 清华"馒头神"张立勇的故事

http://www.tsinghua.edu.cn/publish/thunews/9656/2011/20110225231449703395937/20110225231449703395937_.html

问题思考：

如何理解完善自身与奉献社会相统一？

案例评析：

没有个人的努力和坚持，他不会有今天的成绩，他在实现自我价值的同时，也为社会作出了贡献。人生的社会价值是实现人生自我价值的基础，评价人生价值的大小主要应看一个人的人生活动对社会所作的贡献。但这并不意味着要否认人生的自我价值。社会是人类创造并由其个体组成的，人的自我完善和全面发展、人生自我价值的实现将使个体为社会创造更大价值奠定更好的基础。

教学建议：

本案例可在第一章第一节"人生价值的评价与实现"教学中使用。

【案例18】以坚持实现人生价值

伊君，男，24岁，青岛科技大学2009届毕业生，计算机专业，现为爱乐网络科技有限公司总经理。2006年暑假，大学二年级的伊君以5000元钱起家，组织了一个进行 php 技术研究和网页美工设计的工作室，起初以为公司制作网站为主。他们放弃了暑假的休息时间，一口气设计并制作了包括博山区人民法院、淄博博山益杰机械有限公司、鲁山国家森林公园在内的10余家网站。

他和他的团队一个月就挣了17000元。那个暑假虽然很累，但既获得了可观的收入，也增强了他创业的信心。后来伊君他们发挥专业优势，创建了"其乐我爱"网络娱乐社区，并成为团队的主要发展项目。目前，他们已成立了爱乐网络科技有限公司。公司已拥有7台服务器，资产约合人民币35万元。公司年收入总计突破60万元。

案例来源：大众网／大众日报社报系报刊 20090513

http：//paper.dzwww.com/dzrb/data/20090513/html/13/content_2.html

问题思考：

伊君创业成功的主客观条件是什么？

案例评析：

伊君能够创业成功，是主客观条件相结合的结果。

就社会客观条件来讲，主要包括：（1）中国特色社会主义的政治、经济制度为他个人价值实现提供了很好的创业环境。（2）现代科技发展，特别是网络技术发展，为他个人价值的实现提供了技术条件。（3）学校的政策支持。伊君说："其实我也就是刚刚上路，不过创业不能仅凭热情，要有一个完整的规划，包括置办办公室、资金投入、盈利可行性、投资风险等等，这些都必须事先考虑到，不能说我想创业了，我就一拍脑袋创业就好了；再就是要多关注国家、地方和自己所在学校的政策扶持。"他拿自己举例,自己在四方都市科技园得到了创业所需的办公室,而学校也给了自己3000元的创业扶持金。但是,良好的社会客观条件,仅仅为实现人生价值提供了基本的保证,而对社会客观条件的认识和利用则需要个人的主观努力。

就个人条件来讲,伊君能在艰难的就业市场脱颖而出,离不开他的自身能力、良好的心理素质和主观努力。(1)自身能力。伊君说:"青年人创业,最好能结合自己的专长和爱好。"伊君告诉记者,他从高中时开始接触电脑,给学校的学生会和团委做网站和日常维护,当时就产生了浓厚的兴趣,大学挑选专业的时候,他认定计算机的未来将有较大的发展前景,于是选择了这个专业。(2)创业意识。2006年暑假,二年级的伊君就和几个大学、高中同学回到淄博家中建立一个工作室,主要是给公司做网站。大三结束,学校老师推荐伊君参加了第四届大学生"挑战杯"创业计划大赛。(3)良好的心理素质。良好的愿望并不能代替创业的艰难。实际上,"其乐我爱"社区也有一段时间没有盈利,经营这样的一个社区主要困难还是技术和经验。一次,他们团队为某公司做一个公司网站,由于急于拿下这个单子,他们主动提供了一份完整的项目计划书,而且把最低报价也详细地写在了其中,不幸的是,与他们有竞争关系的公司通过某些途径知晓了报价,并以低于报价但却同样有不少利润的价格从他们手中夺走了这个项目,可以说煮熟的鸭子飞走了。"以后在处理这样涉及商业秘密的问题上,我们总会格外谨慎,不过这样的磕磕绊绊也让我们不断成长。"(4)精神力量。创业的人都会有一些略显苦涩的记忆,伊君和他的创业团队同样如此。资金的缺乏,使他们深感创业的艰难。忙起来,经常会连续通宵好几天,最多的时候,曾经创下了三天三夜不合眼的记录。他说:"温总理说过,信心比黄金更加重要,而这对创业的大学生来说同样是非常重要,不能被挫折和打击击倒。"(5)社会责任感。伊君告诉记者:"我们的社区都是实行实名认证，不能沉迷网游，健康娱乐才是我们的宗旨。"也许从创业项目的一开始，他们就想到了应该有的社会责任。

随着社会的进步，人生价值实现的社会客观条件也在不断改善。我国社会主义制度的建立和完善，改革开放以来形成的良好的经济、政治、文化和社会条件，为大学生实现人生价值提供了广阔的舞台。大学生要珍惜难得的历史机遇，把自己的人生价值目标建立在正确把握当今中国社会发展所提供的条件的基础上，通过各种方式和途径，全面提高自身的综合素质和能力，创造实现人生价值的良好条件。

教学建议：

本案例可在第一章第一节"人生价值的评价与实现"教学中使用。

【案例19】向"幸福"致歉

1988年4月，霍华德金森24岁，是美国哥伦比亚大学的哲学系博士。他毕业论文的题目是《人的幸福感取决于什么》。为了完成这一课题，他向市民随机派发出了一万份问卷。问卷中，有详细的个人资料登记，还有五个选项：A.非常幸福 B.幸福 C.一般 D.痛苦 E.非常痛苦。

历时两个多月，他最终收回了不下二百余张有效问卷。经过统计，只有121人认为自己非常幸福。接下来，霍华德金森对这121人作了详细的调查分析。他发现，这121人当中有50人是这座城市的成功人士，他们的幸福感主要来源于事业的成功。而另外的71人，有普通的家庭主妇、卖菜的农民、公司里的小职员甚至是领取救济金的流浪汉。这些职业平凡、生涯黯淡的人，为什么也会拥有如此高的幸福感呢？通过与这些人的多次接触交流，霍华德金森发现，这些人虽然职业多样、性格迥然，但是有一点是相同的，那就是他们都对物质没有太多的要求。他们平淡自守，安贫乐道，很能享受柴米油盐的寻常生活。

这样的调查结果让霍华德金森很受启发。于是，他得出了这样的结论：这个世界上有两种人最幸福，一种是淡泊宁静的平凡人，一种是功成名就的杰出者。如果你是平凡人，你可以通过修炼内心、减少欲望来获得幸福；如果你是杰出者，你可以通过进取拼搏，获得事业的成功，进而获得更高层次的幸福。

导师看了他的论文后，十分欣赏，批了一个大大的"优"！

毕业后，霍华德金森留校任教。一晃20多年过去了，他也由当年的意气青年成长为知名的终身教授。2009年6月，一个偶然的机会，霍华德金森翻出了当年的那篇毕业论文。他很好奇，当年那121名认为自己"非常幸福"的人现在怎么样呢？他们的幸福感还像当年那么强烈吗？于是他把那121人的联系方式找了出来，花费了三个月的时间，对他们又进行了一次问卷调查。

调查结果反馈回来了。当年那71名平凡者，除了两人去世以外，共收回69份调查表。这些年来，这69人的生活虽然发生了许多变化，有的已经跻身于成功人士的行列；有的一直过着平凡的日子；也有人由于疾病和意外，生活十分拮据，但是他们的选项都没变，仍然觉得自己"非常幸福"。

而那50名成功者的选项却发生了巨大的变化：仅有9人事业一帆风顺，仍然坚持当年的选择——"非常幸福"；23人选择了"一般"；16人因为事业受挫，或破产或降职，选择了"痛苦"；另有2人选择了"非常痛苦"。

看着这样的调查结果，霍华德金森陷入了深思，一连数日，都沉浸在自己的思绪当中。两周后，霍华德金森以"幸福的密码"为题在《华盛顿邮报》上发表了一篇论文。在论文中，霍华德金森详细叙述了这两次问卷调查的过程与结果。论文结尾，他总结说：所有靠物质支撑的幸福感，都不能持久，都会随着物质的离去而离去。只有心灵的淡定宁静，继而产生的身心愉悦，才是幸福的真正源泉。

无数读者读了这篇论文之后，都纷纷惊呼："霍华德金森破译了幸福的密码！"这篇文章，引起了广泛的关注，《华盛顿邮报》一天之内六次加印！

在接受媒体采访时，霍华德金森一脸愧疚："20多年前，我太过年轻，误解了'幸福'的真正内涵。而且，我还把这种不正确的幸福观传达给了我的许多学生。在此，我真诚地向我的这些学生致歉，向'幸福'致歉！"

案例来源：搜狐 / 向"幸福"致歉！

https：//www.sohu.com/a/207894402_163018

问题思考：

怎样树立正确的幸福观？

案例评析：

幸福是人类永恒的追求，人应善于在日常生活中发现幸福、享受幸福并创造幸福。而幸福究竟是什么，幸福受哪些因素影响，个人幸福与社会幸福的关系如何，这一系列问题都值得我们深入探索和回答。本案例中的霍华德金森博士对121人就幸福的影响因素进行了前后20年的两次调查，得出了截然不同的结论，他用可靠的调查数据为我们揭示了幸福的密码：物质需要的满足、物质生活的富足固然是幸福的重要方面，但人的幸福并不局限于物质方面，精神需要的满足、精神生活的充实、心灵的淡泊宁静才是幸福的重要方面，才是幸福的真正源泉。

本案例可以引导大学生树立正确的幸福观，尤其可以提醒大学生在追求物质生活的同时，注重追求健康、高尚的精神生活，因此对于大学生人格的完善和修养的提升具有重要启发意义。

教学建议：
此案例可在第一章第三节"幸福观"教学中使用。

【案例20】屠呦呦成功之路

2015年10月5日，瑞典卡罗琳医学院在斯德哥尔摩宣布，将2015年诺贝尔生理学或医学奖授予中国女科学家屠呦呦、一名日本科学家及一名爱尔兰科学家，以表彰他们在疟疾治疗研究中取得的成就。

屠呦呦，这位以往"圈外人"感到陌生的宁波籍女科学家，因为发现青蒿素——被誉为治疗疟疾的"中国神药"，进入公众视野，也进入了诺奖的视野。她是诺贝尔生理学或医学奖历史上第12位获得该殊荣的女性，也是首位获得诺奖科学类奖项的中国人。让人感叹的是，她的成功，是在历经了190多次的失败之后，才姗姗来迟的。

青蒿素是从中药黄花蒿中提取的一种抗疟成分，具有抗白血病和免疫调节功能。

上世纪60年代初，全球疟疾疫情难以控制。此时正值美越交战，美国政府称，1967—1970年，在越美军因疟疾减员80万人，疟疾同样困扰越军。美国不惜投入，筛选出20多万种化合物，最终也未找到理想的抗疟新药。越南则求助于中国。1967年，中国正处于"文革"时期，毛主席和周总理下令，联合研发抗疟新药。1967年5月23日在北京召开"全国疟疾防治研究协作会议","5·23"就成了当时研究防治疟疾新药项目的代号。遍布全国60多个单位的500多名科研人员开始研发抗疟新药。中药部分的不同研究小组开始尝试多种中药，筛选出的4万多种抗疟疾的化合物和中草药，均未能有令人满意的效果。

1969年，39岁的屠呦呦加入"5·23"。她从整理历代医籍开始，四处走访老中医，编辑了以640方中药为主的《抗疟单验方集》，继而组织鼠疟筛选抗疟药物。经过200多种中药的380多个提取物筛选，最后将焦点锁定在青蒿上。但大量实验发现，青蒿的抗疟效果并不理想。然而历史记载认为青蒿确实可以治疗疟疾，并且收效显著。屠呦呦认为，很有可能在高温下，青蒿的有效成分被破坏掉了。她改用乙醚制取青蒿提取物。用乙醚提取这一步，至今被认为是当时发现青蒿粗提物有效性的关键所在。

1971年10月4日，经历了190多次的失败之后，在实验室里，屠呦呦终于从中药正品青蒿的菊科植物的成株叶子的中性提取部分，获得对鼠疟、猴疟疟原虫100%的抑制率。

诺贝尔医学奖得主约瑟夫·戈尔斯坦曾说："生物医学的发展主要通过两种不同的途径，一是发现，二是发明创造。"屠呦呦表示："很荣幸，这两条路我都走了。"

"这个荣誉不仅仅属于我个人。"在接受采访时，屠呦呦曾表示，"这是中医中药走向世界的一项荣誉。它属于科研团队的每一个人，属于中国科学家群体。"

案例来源：前瞻网/诺贝尔奖得主屠呦呦：失败190次后终于获得成功
https：//www.qianzhan.com/people/detail/270/151009-8bfb0417.html

问题思考：

如何看待人生的逆境？

案例评析：

诺贝尔奖委员会颁奖词：在最具破坏性的寄生虫疾病防治方面作出了革命性的贡献。但在生活中，屠呦呦却是"三无"教授。1930年年底，屠呦呦出生于浙江省宁波市。她的名字取自《诗经·小雅》中的名句"呦呦鹿鸣，食野之苹"，其中的"苹"指的是蒿类植物。或许是冥冥中的安排，屠呦呦的人生注定要与这种神奇的小草连在一起。她是我国著名的药学家，中国中医研究院终身研究员兼首席研究员，青蒿素研究开发中心主任。1980年聘为硕士生导师，2001年聘为博士生导师。多年从事中药和中西药结合研究，突出贡献是创制新型抗疟药——青蒿素和双氢青蒿素。这位造福几亿人、被称为"20世纪下半叶最伟大的医学创举"的发明者之一，却是个实实在在的"三无"教授。没有博士学位，没有海外留学经历，没有中国两院院士光环，但历史没有掩埋智慧的光芒。

不经历风雨，怎能见彩虹。的确，人生需要挫折。当挫折向你微笑，此刻你就会明白：挫折孕育着成功。实际上，顺境与逆境，对于人的成长来说，都是外部环境条件，在哲学范畴中称之为外因条件。而外因条件的好坏，并不是决定人才成长的关键因素或者说变化的根据，必须通过自身的努力学习与勤奋钻研，也就是内因，才能有效地、充分地利用自身的外部环境条件的刺激使自己成才。

也就是说，不管你处在顺境中还是逆境中，都必须自觉地、认真地学习知识来提高学识水平与认知能力，使自己具有睿智的、清醒的头脑以面对社会生存中所遇到的各种疑惑，成为有用之才。

教学建议：

此案例可在第一章第三节"顺逆观"教学中使用。

【案例21】中国导弹之父钱学森

钱学森（1911.12.11－2009.10.31），汉族，吴越王钱镠第33世孙，生于上海，祖籍浙江省杭州市。世界著名科学家，空气动力学家，中国载人航天奠基人，中国科学院及中国工程院院士，中国"两弹一星功勋奖章"获得者，被誉为"中国航天之父""中国导弹之父""中国自动化控制之父"和"火箭之王"，由于钱学森回国效力，中国导弹、原子弹的发射向前推进了至少20年。

钱学森这位科学巨匠，在98岁时逝世了，留下的是璀璨的光芒。时至今日，让人们仍感好奇的是，这位著名科学家在科学研究的尖端领域呕心沥血，缘何能如此高寿，奥妙何在？

钱学森如此长寿，奥秘何在？

1. 积极向上的精神追求

钱学森回国后日夜奔忙，身体虽然劳累，但他心情放松，从不计较个人得失。他把自己全部的热血和智慧奉献给了祖国的火箭、导弹和航天事业。"两弹一星"的计划全部实现时，钱学森已年近花甲。

当一个人所做的事，能被称为事业，并可以被称为为人类、为民族、为国家所做的事业，那么他就会充满热情和力量。钱学森常说："我没有时间考虑过去，我只考虑未来。"他甚至将工作目标排到2049年。正是这样的热情，这种积极向上的精神追求和永葆年轻的心态，让钱学森保持着旺盛的精力和健康的体魄。

2. 兴趣高雅的艺术情操

钱学森虽然终身致力于物理学研究，但他并不是一个"书呆子"，而是一个具有艺术情怀、人文情怀的大科学家。钱学森尤其爱好音乐，在少年时是有名的铜管乐手，在上海交通大学读书时还参加了校铜管乐队。钱学森认为，音乐给了他慰藉，也引发了他幸福的联想。这种高雅的情趣，也是促进身心健康的重要因素。

3. 胸怀坦荡的豁达心境

人生的成败，关键在于是否有正确的选择。出于对祖国、对人民无私的爱，钱学森面对国外优越的物质条件，他选择放弃；面对各种困难和挫折，他能从容应对；面对失去自由的危机时，他仍保持乐观的心态。

在他回国前的1950年，美国政府取消了他参加机密研究的资格，并指控他有非法入境的嫌疑。于是钱学森想以探亲为由立即回国。当一家人准备乘坐加拿大班机离开时，却在海关被美国国防部扣留。之后美国司法部签署了逮捕令，将他拘留起来，剥夺了他的自由。虽然两星期后他被美国的同事和朋友保释出来，但他继续受到移民局的限制，并滞留5年。

面对这一切，钱学森并没有屈服，他一方面继续自己的科学研究，一方面坚持斗争，以积极乐观的心态工作着、奋斗着，寻找回国的时机。

在以后的工作中，无论遇到多大困难，爱笑始终是钱学森的一张名片。这何尝不是他长寿的又一个秘诀？

4. 琴瑟和鸣的忠贞爱情

钱学森与夫人蒋英可谓青梅竹马，不老的爱情对钱学森的身心健康非常重要！他和夫人在生活上相互关心、照顾，在精神上相互支持、交流，两情依依、心心相印，也使他们的爱情之树和生命之树常青。

在被软禁的灰暗日子里，常常是钱学森吹竹笛，蒋英弹吉他，两人共同演奏古典音乐以排解寂寞与烦闷。在回国后的几十年里，每当蒋英登台演出或指挥学生毕业演出时，总喜欢请钱学森去听、去看、去评论。

钱学森和夫人相濡以沫数十载，令周围人艳羡。不善言辞的他曾在一次公开场合表达自己对夫人的感激之情。他说："在1950年到1955年美国政府对我进行迫害的5年间，蒋英同志管家，她是作出巨大牺牲的。这一点，我决不能忘。"这一番肺腑之言令在场之人无不感动。

5. 淡薄人生的平常之心

钱学森多年以来始终保持着一种简约朴素、不事张扬的人生态度。这位著名人士竟然住的是20世纪50年代的那种红砖老楼，除了四周的书和一架当年从国外带来的且相伴多年的钢琴外，一切都很简单。

据中国科技大学的老师回忆，钱学森虽然是世界著名的科学家，但他在科大只穿土布中山装，戴布帽，穿布鞋。夏天有时还戴着草帽、穿带补丁的短裤。

在饮食方面，钱学森更是没什么讲究，他一直认为"四菜一汤就挺好"。有些文学作品及新闻报道为了体现钱学森的敬业精神，经常写道：钱学森为了工作，常常一边抽烟，一边冥思苦想。钱学森的儿子钱永刚澄清："父亲从不抽烟，也不喝酒，这是他一生坚持的原则。"钱永刚还介绍说，生活中，钱学森每天除了浏览传统大报大刊，还喜欢听听广播，但是却从不看电视。

钱学森拒绝上任何名人录，这是他自订的"七不准则"中的一个。有人写信称钱学森是中国的"导弹之父"或"航天之父"，他立即回信说，这么称呼他是不对的，不科学的。导弹、航天是成千上万人的事业，不是一两个人能搞成功的。一切成就归于党，归于集体，而他只是党领导下的这个集体中的千分之一，万分之一。

案例来源：360个人图书馆/钱学森如此长寿，奥秘何在

http://www.360doc.com/content/17/1001/21/20215003_691653438.shtml

问题思考：

如何看待人生的得与失？

案例评析：

钱学森不仅是一段辉煌的记忆，更代表着一种精神。从他不计个人得失、甘于奉献的平和中，我们涤净浮躁，调整人生奋斗的目标；在他认真对待每一个工作细节的态度中，我们收敛起轻慢；在他永不停歇的创新中，我们无法倦怠，重新迈开向前的步伐！

日常生活中，我们总是喜欢朝着自己既定的目标奋斗拼搏，但却不是每个人的愿望和理想都能实现。那些搏击一世却未成功的人，是不是就自怨自艾地认为自己的命运不好，或对自己的理智失去了信心，一辈子活在失败的阴影里呢？这种情况是最糟糕的一种。

事实上，我们大多数时候的努力和付出并不是没有一点回报的，也许是你没有看到和发现。大学里，你是不是因为第一次过不了英语四级而别人都通过了而郁闷不已？而事实上，很多考上研究生的朋友都得益于第一次没有通过英语四级考试，因为那些很早通过的，大多数都认为万事大吉，就把英语丢在一旁，这为后来的考研英语造成了麻烦，还要把从前的重新捡起来再学一遍。考上研以后一样，一些人又为英语六级和雅思的没通过而苦恼，但是，正是这些苦恼让他们走上了社会以后英语口语很棒，而获得了很好的工作机会。

因此，大可不必为从前的和现在的没有立见成效的"舍"而悲观失望，你的那些艰难困苦所带来的"得"，已经渗透在你人生中的每个日子里，时不时为你带来好运。生活的本质就是矛盾，得与失永远并存。得失之间的这种关系，充满了高度的辩证关系。

人本身就是有局限性的，无论是时代的局限，还是社会的局限，甚至是自身的局限，都会导致我们不可能样样都占全。从某种意义上说，得与失是同一个问题的两个方面，你得到了太阳的温暖灿烂，就要舍得月亮的光辉；得到了春天的花团锦簇，就要舍去冬天的雪花浪漫；得到了成熟,就要舍去幼稚;得到了繁华,就要舍弃宁静。我们只有真正地领会到了得与舍的真谛,才可以生活得更加快乐、更加幸福。面对纷繁复杂的世界,懂得舍得的人,就会用乐观、豁达的心态去对待没有得到的和已失去的东西,每天都会有快乐和愉悦的心情;而不懂得舍得的人,只会焦头烂额地乱冲,老是拿自己没有的去与人家拥有的比,烦恼当然会时刻伴随左右,他们不但最终达不到目标,而且每天都陷于得失的苦恼中。

教学建议:

此案例可在第一章第三节"得失观"教学中使用。

【案例22】两国老太太的天堂对话

一个中国老太太和一个西方老太太在天堂相聚。中国老太太说,我省吃俭用一辈子,攒够了钱,买了一套新房,没住几天就到天堂报到来了。西方老太太说,我的房子是贷款买的,住了几十年了。来天堂之前,刚刚还清了房贷,再也不欠什么了。在强烈的对比中,很多人为"外国老太太"和"中国老太太"的故事而震惊,他们首先在"中国老太太"身上切切实实地看到了自己的影子或者感受到了自己父辈的生活场景,一时间,诸如"先苦后甜""苦尽甘来"的苦乐观,先生产后消费等等,几乎成为必须扬弃的中国文化与生活方式的"陋习",恨不能立马更新观念,像"外国老太太"那样悠然地活着。

案例来源:平安人的博客/关于中国老太太和外国老太太在天堂相遇的故事

http：//blog.sina.com.cn/s/blog_722de0690100nwx6.html

问题思考：
如何看待这两种苦乐观？

案例评析：
实际上，两种苦乐观没有绝对的对错，只是不同文化的反映。苦与乐相伴始终，如同阳光与影子，二者既对立又统一并在一定条件下可以相互转化。生活境遇不同的人对苦与乐的感受也必然不同，苦与乐只是相对而言。

在 21 世纪的今天，当人们一味地追求幸福的时候，"先苦后甜""苦尽甘来"的积极意义在于承认"苦"的作用价值，在于唤起人的斗志，将人的精神状态调整到极佳的位置。因为在现实生活中，人的一生大大小小地总会面临着几次"必须跨过这道坎"的一刻，比如说高考、婚恋、就业等等。如果能够比较好地"跨过这些坎"，我们的人生就能够获得一个好的态势，在未来的发展道路上，可能获得一个好的位置，以在更高的平台上实现自己的人生价值。

在这一点上，中国古人一贯主张："吃得苦中苦，方为人上人"。这也正是中国古人苦乐观中的智慧所在。正如习近平总书记对青年人所说的："无数人生成功的事实表明，青年时代，选择吃苦也就选择了收获，选择奉献也就选择了高尚。"

教学建议：
此案例可用在第一章第三节"苦乐观"教学中使用。

【案例23】26岁的怀孕女孩张丽君的抗癌经历

她曾经绝望过:我要如何面对死亡?而如今,她却这样反问自己:那怎样才算活着呢?

就算我生命终结,也要带他来看看这个世界。26岁的张丽君,是个开朗爱笑的上海姑娘。她和老公结婚才不到一年,肚子里还有5个多月的孩子;老公和她十分恩爱,公婆也把她当作亲生女儿一样疼惜。可就在这个时候,她被查出了胰腺癌晚期。

她怀有身孕,无法从胰腺部位取组织,要是通过外科的途径去治疗,这个孩子很可能保不住。在确认孩子生下来不会感染癌症后,张丽君决定把孩子留住。即使这样,会使自己错过癌症的最佳治疗时期。

她说,我老公才27岁,我26岁,我不可能叫他一辈子就这样子一个人过,他老了,他也要有人陪。

她说,我生命终结了,也应该把孩子带到这个世界上来看看。好歹我活了26年了,他还没有来世界看过一眼。

她给孩子取名小笼包——"亲爱的小笼包,因为爸爸是属龙的,妈妈是属蛇的,那一个是天龙,一个是地龙;那你是我们的宝贝,我们取了个谐音,叫你小龙宝,上海话念出来就都一样啦,小笼包。"

早产儿的存活率很低,孩子在母亲子宫内多待一天,相当于在体外多待十天。孩子7个月的时候,张丽君撑到身体不允许再撑的时候,她才接受了剖腹产。7个月的早产儿,肺部并没有发育成熟,但两斤多的小笼包,奇迹般地活了下来。

产后第6天,张丽君开始接受癌症化验治疗,但她被确诊为一种恶性程度更高的癌症——印戒细胞癌。医生说,两千多例胰腺肿瘤,从来没有碰到这种情况,手术已经没有意义了。

张丽君害怕小笼包长大后对妈妈没有记忆，她决定做点什么。她说，录视频也不错，特别是每年生日的视频，可以让小笼包知道，每年生日的时候，都是有妈妈陪伴着。不知道小笼包何时才能看到，他的妈妈，被病友们戏称作孕坚强的张丽君，在癌症的晚期，生命的尽头，给他录下了十八年的生日祝福。张丽君在生日祝福里，对小笼包说：妈妈无论在你身边，还是在天上，在任何地方，都是最爱你的，最牵挂你的，也是会一直守护你的。

向死而生，张丽君或许更加明白，其实每时每刻，我们都是幸运的，因为任何灾难的前面，都可能加一个"更"字。甚至最后她彻底想开了，说要不就出去玩嘛，最多也就是玩到死。本来一句玩笑，却把所有人都惹哭了。

她曾经绝望过：我要如何面对死亡？而后来，她却这样反问自己，那怎样又算活着呢？在癌症的晚期，在生命的尽头，她依然乐观坚强，她说：你要感恩、珍惜世界一切的美好；所有对你好的人，所有的你看到的一草一木也好，你都要去感恩、珍惜；这个世界太美好了，我很舍不得，所以我也会努力活下去。

最终，她的癌细胞扩散，在小笼包快会喊妈妈的时候，她离开了人世。

案例来源：百度/26岁女孩怀孕5月查出癌症，她的选择让无数人泪奔：母爱太伟大了

http://baijiahao.baidu.com/s?id=1596693325296630183&wfr=spider&for=pc

问题思考：

如何看张丽君的选择？

案例评析：

假如死亡也有一种艺术形式，那它应该是有尊严地死去。"生是偶然，

死是必然"——与其恐惧、逃避死亡,倒不如先想明白,怎样才算活着。或许我们每个人,都要努力去爱,去珍惜,去好好活着。

生命的历程是一个从生到死的过程,有生必有死,无论贫富贵贱,不管职位高低,也不论年龄大小,生死问题是谁都无法逃避的自然现象。从一定意义上说,正是因为人终有一死,生命短促而无常,才更体现出人生观的重要意义。

美国斯坦福大学教授欧文亚龙曾经深入浅出地探讨过这个问题:人们心中普遍存在被否定和压抑的死亡恐惧。他说:"死亡虽是终点,但人生的意义并不会因此湮灭;死亡虽是宿命,但看待死亡的视角却可以让人们获得拯救。"不同的生死观塑造着不同的人生轨迹,也体现着不同的人生境界。

文天祥以"人生自古谁无死,留取丹心照汗青"的壮歌表现出为国家安宁愿慷慨赴死的民族气节和舍生取义的生死观,林则徐以"苟利国家生死以,岂因祸福避趋之"表达自己的爱国情操和博大胸怀的生死观。中国共产党人在争取民族解放和进行社会主义建设的实践中,形成了革命英雄主义的生死观。毛泽东在张思德同志的追悼会上明确指出:"'人固有一死,或重于泰山,或轻于鸿毛'。为人民利益而死,就比泰山还重;替法西斯卖力,替剥削人民和压迫人民的人去死,就比鸿毛还轻。"革命烈士夏明翰的就义诗"砍头不要紧,只要主义真。杀了夏明翰,还有后来人!"激励和鼓舞着一代又一代中国共产党人为了理想信念,为了民族独立和人民解放、国家繁荣富强和人民共同富裕,不惧牺牲,英勇奋斗。

在现实中,有的人活着已经死了,有的人死了仍然活着。人们之所以赞赏"卑鄙是卑鄙者的通行证,高尚是高尚者的墓志铭"这一诗句,表明人们并不认同一死百了的生死观。这种区别就是人生的不同意义和价值。

张丽君虽然离世了,但她面对死亡的坚强、乐观却感染了身边的每一个人。人不能延长生命的长度,但可以拓展生命的宽度。既然死亡不可避免,那就让我们健康、精彩地生活,珍惜生命,珍惜韶华,在服务人民、奉献社会的伟大实践中,努力给有限的个体生命赋予更有价值的意义。

教学建议:

此案例可用在第一章第三节"生死观"教学中使用。

【案例24】如何看待"宁贫困不当修鞋匠"现象

《郑州晚报》报道,为了帮助贫困大学生自立自强,大学生李培栋修鞋连锁店老总愿意免费教大学生一技之长,让你体验创业做老板的滋味。大学生可以到店里打工,也可以自己开店做老板。出人意料的是,询问者多,报名者无。没有一个贫困生愿做"修鞋匠"。

案例来源:新浪网/贫困大学生不愿修鞋是荣辱观错位
http://news.sina.com.cn/c/2006-04-05/17109540365.shtml

问题思考:

如何看待大学生"宁贫困不当修鞋匠"的荣辱观错位现象?

案例评析:

荣辱观是指人们对荣与辱的评价标准的价值确认。"由义为荣,背义为辱。""荣"指荣誉或光荣,是人们对高尚的道德行为所作的客观评价和主观感受。客观评价指社会或集体对这种行为的肯定、赞扬和褒奖,主观感受指个人或集体对这种客观评价所产生的尊严感和自豪感。"辱"指耻辱，是社会、集体或他人对违背公共利益的不道德行为的否定和贬斥，以及个人因自己行为的过失而在内心形成的羞愧体验。荣辱观受一定社会的风尚、习俗和传统的影响，在不同的民族和地域，人们对荣和辱的看法不尽相同。在阶级社会中，荣辱观又受一定阶级的思想影响。

该案例反映了这些贫困生错误的荣辱观。在贫困生眼里，他们是天之骄子、知识分子、金枝玉叶、高级白领，用"劳心者治人，劳力者治于人"的观点衡量，他们属于"管理者"才名正言顺；而修鞋匠整天拿着别人臭烘烘的鞋子缝缝补补，很邋遢，脏累差，"看着没有面子"等。他们没有认识到修鞋匠也是凭劳动吃饭的正当职业，是为社会忠诚服务的服务者，更没有认识到他们身份虽然不够高贵，同样蕴含着社会不可或缺的价值和精神尊重。

"社会主义荣辱观"中的"以服务人民为荣、以辛勤劳动为荣、以艰苦奋斗为荣"，大学生就是真的当了修鞋匠，他们用兢兢业业、辛勤劳动服务于人民，在艰苦奋斗中获得人格提升和升华。就算得到了暂时委屈和羞辱，这种"交换"也是值得的。因为他们最终得到了用任何金钱都不能买到的精神强大和自强不息。拥有了这种立身之本，还有什么样的贫困和磨难不能跨越呢？相反，如果"明明可为，而不愿为"，不仅是一种人格退缩、经济上的得过且过、抹不开面子的小家子气，更是一种精神上的好逸恶劳和对"骄奢崇拜"的经济短视，而这些显然属于"八荣八耻"中的耻辱行列。这种价值观的扭曲是应该纠正的。

教学建议：

此案例可在第一章第三节"荣辱观"教学中使用。

【案例 25】如何看待小官"巨贪"现象

电视剧《人民的名义》有这样一个情节：一位国家部委项目处长赵德汉被举报受贿，当最高检侦查人员在其豪宅搜出一面墙的钱后，该处长瞬间心理防线崩溃以至痛哭流涕。4年多时间贪污2个多亿，用这位贪官处长的话说"一直坐立不安，但又收不住手"，而这一切都开始于收到的第一张50万的银行卡，在激烈思想斗争了一个月后他还是取出了50万元，对金钱的贪欲之门一旦打开，就再也关不住了。实际上，赵德汉在现实中的原型就是发改委煤炭司副司长、被称为"亿元司长"的魏鹏远，检察机关曾从魏鹏远家中搜查发现现金折合人民币2亿余元，成为新中国成立以来检察机关一次起获赃款现金数额最大的案件。有媒体报道，5台点钞机连续14小时清点，1台被烧坏。有人计算，魏鹏远在近6年时间里，平均每天捞近10万元。

案例来源：闽南网/人民的名义贪官原型 赵德汉原型：魏鹏远
http://www.mnw.cn/news/shehui/1662335.html

问题思考：
如何看待小官"巨贪"现象？

案例评析：
本案例反映了在市场经济大潮面前，一些党员干部放松党性修养和锻炼，人生观和价值观扭曲，不甘清贫，崇尚拜金，最终导致走上犯罪的道路。

拜金主义是一种认为金钱可以主宰一切，把追求金钱作为人生至高目标的观念。在人类历史上，视钱如"神"的观念早已有之，但拜金主义作为一种社会思潮却是伴随着资本主义的发展而形成的。拜金主义将金钱神秘化、神圣化，视金钱为圣物，把追逐和获取金钱作为人生的目的和生活的全部意义，金钱成为衡量人生价值的唯一标准。用拜金主义指导生活实践，并由此确立人生目的，其危害显而易见。在人的发展上，人沦为金钱的奴隶；在社会发展上，物欲横流，人情冷漠；在经济领域中，诚信丧失，秩序混乱；在政治领域中，权钱交易，贪赃枉法；在文化领域中，精神匮乏，信仰缺失。

我国民族英雄岳飞曾说过：只要武士不怕死，文官不贪钱，国家就有希望。国家部委项目处长可谓权高位重，可他却用不光彩的贪婪给自己的光环涂了黑，沦为金钱的俘虏，用钱财为自己铸就了挣脱不掉的枷锁。随着个人的成长、社会的发展、环境的变化，人的思想观念也会发生变化。所以，只有树立正确的世界观、人生观、价值观，正确对待名利、地位、权力，才能对一些重大问题保持清醒的认识和理性的态度，才能战胜形形色色的错误理论和思潮，才能让正念占据心灵高地。

教学建议：

此案例可在第一章第三节"反对错误的人生观"教学中使用。

【案例26】如何看待大学生贷款高消费现象

近日，10G的"裸贷"照片及视频被打包在网上发布，167位女大学生的个人信息、亲友联系方式以及私密照片遭到泄露。这些贷款人的贷款金额多在几千元上下，从用途来看，多数都是为了换手机、买衣服，享受更加优质的生活等。很多人讶异，什么时候大学生成了需要贷款消费的高消费群体了？

案例来源：腾讯大辽网／"裸贷"背后的大学生高消费：有人花百万网购
http：//ln.qq.com/a/20161209/013669.htm#p=1

问题思考：
如何看待大学生贷款高消费现象？

案例评析：
网络借贷平台之所以可以在学生中间横行，主要有三个原因：一是借贷机构用较低的门槛诱骗学生上当，二是大学生金融知识匮乏，三是享乐主义人生观导致的扭曲的虚荣心。

享乐主义是一种对社会对个人都具有极大危害性的人生观。就社会而言，享乐主义的人生观使得人们只专注于经济的片面发展而漠视自然环境的不断恶化，造成人们精神世界的流浪和人与自然的对立。就个人而言，享乐主义人生观使得人们只专注于"物质家园"而冷漠"精神家园"，这种人生观不仅未使人生的意义更加丰富，反而使人生的意义趋于贫乏，使人类陷入深重的精神危机之中。古今中外，靠贪图享乐、奢侈腐化而成就大业者闻所未闻。相反，历史上因骄而奢、由奢而亡的例子，却数不胜数。那种以为通过助长享乐，就能刺激消费，搞活市场，拉动经济发展的想法是十分荒谬的，其做法无异于饮鸩止渴。社会的发展进步是靠艰苦奋斗创造的。享乐主义滋长和蔓延，在任何时候任何情况下，都不可能带来经济发展和社会进步，而只能滋生虚假繁荣的毒瘤，助长玩物丧志的风气，最终葬送已有的文明成果。社会进步的历史，绝不是"享乐的发展史"。

因此，同学们一定要深刻认清我国的国情，摆脱享乐主义的陷阱，重塑精神超越的人生追求，以正确的人生观、价值观指导人生实践。

教学建议：

此案例可在第一章第三节"反对错误人生观"教学中使用。

【案例 27】复旦大学研究生投毒案引发的思考

2013 年 4 月，上海复旦大学上海医学院研究生黄洋遭他人投毒后死亡。经公安机关侦查查明，犯罪嫌疑人林森浩是受害人黄洋的室友，投毒药品为剧毒化学品 N-二甲基亚硝胺。2014 年 2 月 18 日，上海市第二中级人民法院一审宣判，被告人林森浩犯故意杀人罪被判死刑，剥夺政治权利终身。2015 年 1 月 8 日，上海市高级人民法院终审维持原判：被告人林森浩因故意杀人罪被判死刑。最高法经复核确认：被告人林森浩与被害人黄洋分别系复旦大学上海医学院 2010 级硕士研究生，同住一间宿舍。林森浩因日常琐事对被害人黄洋不满，决意采用投放毒物的方式加害黄洋。

案例来源：中国法院网 / 复旦大学投毒案引发的思考 /2015-12-14 14:59:48
https://www.chinacourt.org/article/detail/2015/12/id/1767650.shtml

问题思考：

如何看待林森浩的投毒行为？

案例评析：

个人主义是以个人利益为出发点和归宿的一种思想体系和道德原则，它主张个人本身就是目的，具有最高价值，社会和他人只是达到个人目的的手段。极端个人主义突出强调以个人为中心，否认社会和他人的价值，主张社会和他人只是达到个人目的的手段，甚至不惜采用损人利己的方式来追求自己的人生目标。极端个人主义在个人与他人、个人与社会的关系上表现为极端利己主义和狭隘功利主义。

本案件发生原因是多方面的，但无疑林森浩的极端个人主义人生观是主要原因之一。

林森浩被判死刑，对他而言也绝非是一念之差造成的。如果他平时不是那么自私，不是那么充满嫉妒心和报复心，如果他平时很善良，很友爱，有很好的道德素养，是一个品行优良的青年，他会堕落到害人、杀人的可悲地步吗？他之所以走到这一步，很清楚地说明，是他自己的人生观、价值观的内因促动，促使他犯下毒害人的罪行，是他极端个人主义人生观的必然结局。

是什么原因导致一个受过高等教育多年的成年知识分子，一个熟知那个药的剧烈毒性的专业研究生，仅仅因为寝室关系恶劣就动杀机，没有任何怜悯之心呢？毫无疑问，林森浩的极端个人主义人生观是主要原因之一。

自我意识强本不是坏事，自我的人不会人云亦云，不会随波逐流，但是这必须建立在正确的价值观和人生观的基础上。自我的意思并不等于偏激和极端。过于追求个人价值的功利化，自私、自我、性格孤僻或偏激，导致林森浩忽略了人与人之间最重要的感情因素，泯灭人性，最终选择以极端的方式捍卫自己的"尊严"，导致犯罪的结果。

林森浩的悲剧对少数青年（特别是一些一心向往成为什么"精英"的知识青年）敲响了警钟：正确的人生观、价值观对大学生健康成长是十分重要的。

教学建议：
此案例可在第一章第三节"反对错误人生观"教学中使用。

【案例 28】保定学院西部支教群体

2000 年，响应国家西部大开发的号召，河北保定学院的 15 名毕业生毅然放弃多家用人单位的录用及继续深造的机会，带着户口选择到万里之遥的新疆且末县中学任教。截至 2013 年，这所学校已有 97 名毕业生在新疆、西藏、贵州、重庆、四川等地基层工作。虽然条件艰苦，但十几年来没有一人退缩，全部扎根在西部大地，参与见证了西部的改变和发展。他们的事迹经《光明日报》报道后引起广泛关注。近日，这批西部支教毕业生群体代表给总书记写信，汇报了他们的工作和生活情况，表示，一个人的选择只有契合时代要求、符合人民需要，才会有意义有价值。西部需要我们这样的普通劳动者，我们愿像一棵棵红柳、一株株格桑花一样，扎根西部、坚韧不拔、甘于吃苦、平实做人，为广袤的土地带去无尽的生命力。

不忘初心　扎根边疆无怨无悔

校舍破旧、用水困难、沙尘暴肆虐……面对如此艰苦的条件，支教群体展现的不是退缩，而是以异于常人的毅力，奋战在教育一线，用知识、行动坚守初心，砥砺前行。

2016 年 5 月 15 日，在新疆且末中学支教的辛忠起得到母亲病危的通知。但面对即将来临的高考，辛忠起决定带领学生高考完再回家。一周后，家人通知其母去世。当他带着悲痛赶回家时，母亲已入殓，没能见上最后一面。"来到且末 18 年，亏欠最多的是父母。但是既然选择了，就不后悔，因为到自己最希望去的地方、最需要自己的地方教学，才能实现人生更大的价值！"保定学院支教毕业生、且末中学教研室副主任辛忠起在与记者的通话中这样说道。

辛忠起曾这样说："我们没什么丰功伟绩，只是做了一名教师应该做的，对社会尽了一个青年人应尽的责任，但国家、社会和母校却给予了我们太多太多。特别是总书记的回信,让我们承载了一种'扎根边疆,服务基层'的精神,作为这种精神的承载者,能够把这种精神带给年轻人,让他们耐得住寂寞,到基层平凡岗位工作,是我们将来继续努力工作的动力!"

与辛忠起同在且末中学任教的侯朝茹对记者说:"每个人都愿意与亲友在一起,但在新疆工作十几年,不仅在这里成了家,也扎下了根,组织给予了我们诸多荣誉,社会给予的关注也为我们梦想的延伸提供了支撑和力量!来新疆且末教书是我们自己的选择,教书育人是我们的本职工作,我们无怨无悔!"

据了解,保定学院西部支教群体十几年的辛勤付出,取得了可喜成绩。刘庆霞、陈荣明等十多人在巴音郭楞蒙古自治州州级及以上教育教学大赛中多次荣获特等奖、一等奖。苟轶娜、王伟江、辛忠起等多年被评为优秀党员、优秀教师、优秀班主任、民族团结先进个人。河北保定学院毕业生支教群体先后荣获"巴州青年五四奖章集体""河北青年五四奖章集体""中国青年五四奖章集体"等荣誉称号。

砥砺前行　支教接力前赴后继

"一个人的选择只有契合时代要求、符合人民需要,才会有意义有价值。西部需要我们这样的普通劳动者,我们愿像一棵棵红柳、一株株格桑花一样,扎根西部、坚韧不拔、甘于吃苦、平实做人,为广袤的土地带去无尽的生命力!"这封保定西部支教群体写给习总书记的信,展现了"好儿女志在四方,有志者奋斗无悔"的精神,也感召着一批又一批青年学生奔赴艰苦地区,投身祖国建设。

王俊梅,保定学院2014届教育系应用心理学专业毕业生,2010年,她在学校图书馆观看了反映支教群体志愿服务西部事迹的专题片后,便萌生了毕业后服务西部的想法。

2014年国家志愿服务西部计划启动后,王俊梅毫不犹豫地报名选择去西藏。但在体检中，她的检查指标不符合高原工作要求，没有通过。可王俊梅没有放弃，她请求再做一次体检，学院被她执着的精神所感动，破例为其做了二次体检，但结果仍不合格。随后，王俊梅再次自费做了第三次体检，还是未能合格。

失望之余，王俊梅了解到河北省有专门针对偏远基层地区的"西部计划"，她立刻提出申请，并选择了相对贫困的易县山区。工作仅仅一个月，由于表现突出，她被推荐至保定团市委工作，但到基层、到艰苦地区去磨炼的理想始终萦绕在心头。

为了圆梦，王俊梅于2015年9月考取了易县高村镇初级中学特岗教师，终于可以像师哥师姐一样到基层贫困地区教书育人。

当记者问起王俊梅为何对到基层工作如此执着，她说："越是艰苦的地方，越能磨炼人，锻炼人，也才能实现自己人生的价值。"

保定学院生化系2011级学生王淑荣与王俊梅怀着同样的梦想。2015年志愿服务西部计划刚刚启动，她就在父母不知情的情况下第一时间报名。父母得知后，坚决反对，但王淑荣千方百计说服了父母。经过80余天的等待，王淑荣正式成为保定学院2015年志愿服务西部的一员，服务地点是新疆生产建设兵团第二师。2016年7月，一年的服务期到期后，王淑荣毫不犹豫地选择了续签。如今，第二个服务期又将期满，她准备继续留下。

"一个人只有最大限度实现人生价值，生命才最有意义，生活也会最快乐。只要这里需要我，无论干什么我都愿意，并且要干好！"王淑荣话语坚定。

扎根基层，支教边疆，将校园中汲取到的精神和智慧播撒到祖国最需要的地方，已成为保定学院学生生活中不可或缺的一部分。

据了解，在2017年的大学生志愿服务西部计划中，保定学院有30余名学生报名参加，最终有4名毕业生确定在新疆进行基层志愿服务。

同时，保定学院各级志愿者组织传承西部支教群体扎根西部的奉献精神，坚定理想信念，进行爱心传递，坚持以服务社会公益事业、服务学院工作大局、服务广大同学生活的基本需求为宗旨，在扶老助幼、环境保护、低碳文明、和谐校园、社区服务、义务支教、关爱农民工子女等方面发挥着积极作用。据统计，近年来，保定学院有15个先进集体分获"河北省优秀志愿服务组织""保定市杰出青年志愿服务集体""保定市优秀志愿服务工作先进单位"。该院现有青年志愿者14000余名，人均志愿服务20小时，累计志愿服务80余万小时，有力推动了学院大学生志愿服务工作走向经常化、规范化、制度化。

案例来源：网易新闻/保定学院西部支教群体 把青春与梦想扎根西部大地

http://hebei.news.163.com/17/0616/09/CN1ST5UP04158FFB.html

《人民日报》（2014年5月4日1版）/习近平给河北保定学院西部支教毕业生群体代表回信

问题思考：

保定学院西部支教群体实现了他们的人生价值了吗？

案例评析：

人生之所以有价值，是因为人能够自觉地、有意识地认识和改造客观世界与主观世界，创造物质财富和精神财富，通过创造性的社会实践把人生提升到一个更高的境界。因此，社会实践是实现人生价值的必由之路。同时，人生价值终究要通过自己所从事的事业展现出来。不是每个人都能成为杰出人物，但是只要每个人都能在自己的岗位上脚踏实地、埋头苦干，发挥聪明才智，为社会作出贡献，就可以实现自己的人生价值。好高骛远，畏惧劳苦，贪图安逸，最终只能虚度年华，抱憾终生。正如2014年5月4日，中共中央总书记、国家主席、中央军委主席习近平给河北保定学院西部支教毕业生群体代表回信中所说的：同人民一道拼搏、同祖国一道前进，服务人民、奉献祖国，是当代中国青年的正确方向。好儿女志在四方，有志者奋斗无悔。希望越来越多的青年人以你们为榜样，到基层和人民中去建功立业，让青春之花绽放在祖国最需要的地方，在实现中国梦的伟大实践中书写别样精彩的人生。

教学建议：

此案例可在第一章第三节"成就出彩人生"教学中使用。

第二章　坚定理想信念

一、教材分析

（一）教学目的

本章的教学目的是通过本章讲解，使大学生掌握理想信念的科学内涵；深刻理解崇高的理想信念对人生发展的重要意义，确立马克思主义为指导的科学的理想信念，坚持中国特色社会主义共同理想，坚持个人理想与社会理想的统一。引导大学生树立与这个时代主题同心同向的理想信念，勇于担当这个时代赋予的历史责任，励志勤学、刻苦磨炼，在激情奋斗中绽放青春光芒、健康成长进步。

（二）教学重点难点

【教学重点】

1. 坚定理想信念对大学生成长成才的意义。

2. 为什么要信仰马克思主义？

3. 新时代大学生在实现中华民族伟大复兴中的责任与使命。

【教学难点】

1. 为什么要信仰马克思主义？

2. 如何理解中国特色社会主义共同理想与共产主义远大理想的关系？

3. 如何理解个人理想与社会理想的统一？

（三）基本知识结构

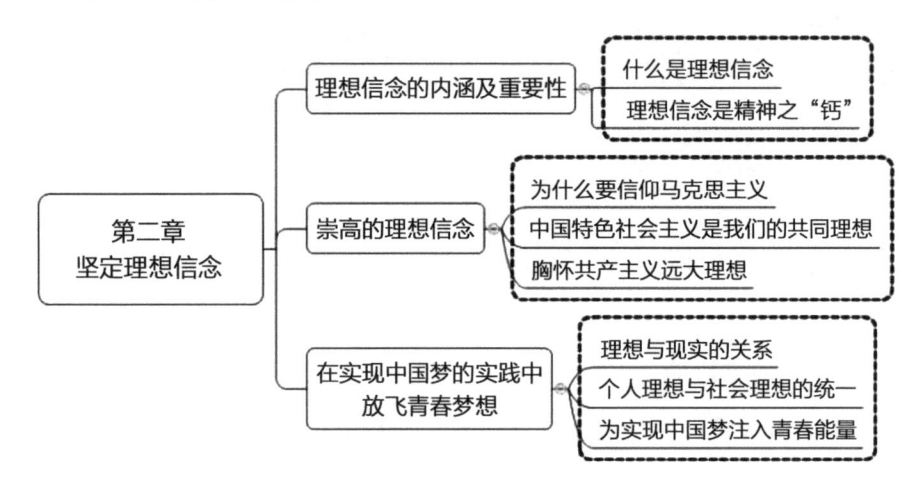

```
                              ┌─ 理想信念的内涵及重要性 ─┬─ 什么是理想信念
                              │                        └─ 理想信念是精神之"钙"
                              │
                              │                        ┌─ 为什么要信仰马克思主义
第二章 ───────────────────────┼─ 崇高的理想信念 ───────┼─ 中国特色社会主义是我们的共同理想
坚定理想信念                   │                        └─ 胸怀共产主义远大理想
                              │
                              │                        ┌─ 理想与现实的关系
                              └─ 在实现中国梦的实践中 ─┼─ 个人理想与社会理想的统一
                                 放飞青春梦想            └─ 为实现中国梦注入青春能量
```

二、典型案例

【案例1】新生活从选定方向开始

比塞尔是西撒哈拉沙漠中的一颗明珠，每年有数以万计的旅游者来到这儿。可是在肯·莱文发现它之前，这里还是一个封闭而落后的地方。这儿的人没有一个走出过大漠，据说不是他们不愿离开这块贫瘠的土地，而是尝试过很多次都没有走出去。

肯·莱文当然不相信这种说法。他用手语向这儿的人问原因，结果每个人的回答都一样：从这儿无论向哪个方向走，最后还是转回到出发的地方。为了证实这种说法，他做了一次试验，从比塞尔村向北走，结果三天半就走了出来。比塞尔人为什么走不出来呢？肯·莱文非常纳闷，最后他只得雇一个比塞尔人，让他带路，看看到底是为什么。他们带了半个月的水，牵了两峰骆驼，肯·莱文收起指南针等现代设备，只挂一根木棍跟在后面。10天过去了，他们走了大约800英里的路程，第11天的早晨，他们果然又回到了比塞尔。

这一次肯·莱文终于明白了，比塞尔人之所以走不出大漠，是因为他们根本就不认识北斗星。在一望无际的沙漠里，一个人如果凭着感觉往前走，他会走出许多大小不一的圆圈，最后的足迹十有八九是一把卷尺的形状。比塞尔村处在浩瀚的沙漠中间，方圆上千公里没有一点参照物，若不认识北斗星又没有指南针，想走出沙漠，确实是不可能的。

肯·莱文在离开比塞尔时，带了一位叫阿古特尔的青年，就是上次和他合作的人。他告诉这位汉子，只要你白天休息，夜晚朝着北面那颗星走，就能走出沙漠。阿古特尔照着去做了，三天之后果然来到了大漠的边缘。阿古特尔因此成为比塞尔的开拓者，他的铜像被竖在小城的中央。铜像的底座上刻着一行字：新生活是从选定方向开始的。

案例来源：卢化南《成就你一生的100个哲理》

http：//www.readers365.com/100story/50.html

问题思考：
结合案例，谈谈理想及其重要性。

案例评析：
一个人无论他现在多大年龄，他真正的人生之旅，都是从设定目标的那一天开始的，只有设定了目标，人生才有了真实的意义。所以，很多时候，选对方向比重复努力更有意义。就像阿古特尔铜像底座上雕刻的那句话——新生活是从选定方向开始的。对于我们大学生来说，大学阶段，就是我们一段新的人生旅程,那么,我们的大学生活是不是也应该从选定方向开始呢?

这正是我们这一章要回答的问题。理想信念虽然属于人的精神范畴,是人们主观的东西,但它的形成和确立既不是天生的,也不是完全自发产生的,而是人们主观能动性的产物。因此,要追求远大理想、坚定崇高信念,首先,必须对理想、信念以及信仰这一精神体系本身有所了解,这样,我们才知道要往哪里去,去追求些什么,才能选定正确的方向。

教学建议:

此案例可在第二章第一节"理想信念的内涵及其重要性"教学中使用。

【案例2】理想因报国而澎湃

"振兴中华,乃我辈之责。"这是一位青年在大学毕业时写给同学的一句话。他叫黄大年,那一年,他24岁。26年后,黄大年成了航空地球物理领域的顶级科学家,他主持研发的许多成果都处于世界领先地位,那一年,他50岁。

就在这一年,我国开始实施"千人计划",得知这个消息后,黄大年说服妻子卖掉经营的诊所,留下还在读书的女儿,回到了母校吉林大学。从零开始的黄大年,带着研究团队日夜奋战。他出差始终赶当天最晚的午夜航班,这样就不耽误白天工作;同事经常两三点钟接到他的信息,得知新的任务。和家人聚少离多,让黄大年心怀愧疚,他在朋友圈感叹:"可怜老妻孤守在家,在挂念中麻木,在空守中老去"。黄大年带领400多名科技人员,成功研制出我国第一台万米科学钻——"地壳一号",自主研制出综合地球物理数据分析一体化的软件系统，提高国家深部探测关键仪器的制造能力。2016年12月8日，黄大年因胆管癌住进医院。即便在病床上，打着吊瓶的黄大年还在改方案，给学生答疑解难。

2017年1月8日，黄大年因病逝世。众多师生带着伤痛和怀念，默默垂泪，悼念送别。

案例来源：百度首页/2017感动中国十大人物/黄大年——用生命叩开地球之门的海归教授

https://baijiahao.baidu.com/s?id=1593821261921529766&wfr=spider&for=pc

问题思考：

黄大年为什么能够感动中国？

案例评析：

感动中国2017年度十大人物黄大年颁奖词：一心中国梦，功德冠群英。作别康河的水草，归来做祖国的栋梁，天妒英才，你就在这七年中争分夺秒，透支自己，也要让人生发光，地质宫五楼的灯源自前辈的薪传，永不熄灭。

新华社记者在采访黄大年的文章中曾有这样的描述：采写已故海归战略科学家黄大年事迹，是一次难忘的过程。初次接触他的生平简介，我们感到，在当下我们惯见的世俗中，他的很多做法太过"高大上"，近乎"不真实"。他为什么要放弃英国的高薪洋房，回到祖国重新开始？他为什么不求院士头衔、行政职务，一心只埋头研究？他为什么非得忙到回不了家，甚至连命都可以不要？……

我们一直在追问，寻找一个可以为他的人生轨迹、为他的不同寻常作出合理解释的答案。我们一次次走近他的团队、朋友和学生，我们渐渐有了叹服，有了敬仰，有了瞬间迸发的泪水，有了长留心间的感动。爱国，是我们能找到的唯一答案。

一个胸有大志的人才能走得更远，黄大年正是这样一个有着远大志向的科学家。2015年年末，他在微信朋友圈里发了这样的感言：还记得回归时的信誓旦旦，竭尽全力，鞠躬尽瘁，不计得失，只要大家团结和坚持，一定能实现壮校情，强国梦。

黄大年的事迹之所以令人动容，是因为他在人生一次又一次的选择面前，把事业看得更重，把奉献看得更重，把祖国看得更重。黄大年把爱国之情、报国之志融入祖国改革发展的伟大事业之中、融入人民创造历史的伟大奋斗之中，从自己做起，从本职岗位做起，为我们树立了先进榜样。理想因报国而澎湃，祖国终将选择那些忠于祖国的人，祖国终将记住那些奉献于祖国的人。

教学建议：

此案例可在第二章第一节"理想信念的内涵及其重要性"教学中使用。

【案例3】大山里的守望者支月英

她是大山的女儿，像一支燃烧的蜡烛，闪耀着灿烂的光辉，照亮了深山孩子的梦想，她和千千万万山村教师一道，努力实践着中国山村的教育梦。36年来，支月英老师坚守岗位，把爱意播撒在这青山绿水，让这份爱生根发芽，承载起贫瘠山村的绿色希望。

她就是2010年度"感动奉新十佳人物"，2011年江西省五一劳动奖章获得者，2013年宜春市最美劳动者、道德楷模，2014年全国模范教师、全国岗位学雷锋标兵、江西省"龚全珍式好干部"、江西省三八红旗手,"感动中国2016年度人物",江西省奉新县澡下镇白洋教学点女教师支月英。

山村讲台,用守望践行承诺

1980年,江西省奉新县边远山村教师奇缺,时年只有19岁的南昌市进贤县姑娘支月英不顾家人反对,远离家乡,只身来到离家200多公里,离乡镇45公里,海拔近千米且道路不通的泥洋小学,成了一名深山女教师。

一到白洋,她发现这里条件比想象中还要艰苦。学校地处江西省奉新县和靖安县两县交界的泥洋山深处,交通不便,离最近的车站都要20多里地,师生上学全靠两条腿在崇山峻岭间爬行。山村生活条件异常艰苦,食品稀缺。支月英像当地人一样,自己动手种菜。当地老百姓十分疑虑:这外地姑娘能坚持下来吗?是不是想过渡一下,过不久就溜掉?这话不假,山旮旯太偏太穷,前些年,教师如同走马灯似的来了又走。但过了一年又一年,乡亲们不但看到支月英坚持了下来,还看到无论刮风下雨、结冰打霜,她都一个个送孩子回家,像自己亲人一般对待。于是乡亲们议论开了:"这位老师靠得住,肯定会用心思教好我们的孩子!"但也有不同声音,"莫想啊,顶多再过两年就会走掉,我们这地方哪能留住这般好老师啊!"冬去春来,寒来暑往。这位外乡的女教师,用自己36年的倾心守望,兑现了自己的承诺,成为深山乡村人人尊敬的人民教师。

孱弱身躯,为贫瘠山村撑起绿色希望

在白洋山村,支月英与一双双渴望知识的眼睛相伴。她教孩子们读书识字,唱歌跳舞,认识大千世界。但贫穷的山村并不是世外桃源,山村的教育更显落后。艰苦的条件并没有难倒支月英。刚参加工作时,她的工资只有几十块钱,有些孩子交不起学费,家长不让孩子上学,支月英经常为学生垫付学费,垫着垫着,有时买米买菜的钱都不够,她只得去借。家人不理解,劝她赶紧离开,她总是笑着说:"日子会好起来的!"后来,支月

英被任命为校长,肩上的担子更重了,工作也更忙了。她既要承担教育教学任务,还要做好教学点的管理服务工作。

穷山村的学校破烂不堪,她买了材料,把教室修好,把冬日刺骨的寒风拒之窗外,学生在教室里暖洋洋的。学校不通班车,每逢开学,孩子们的课本、粉笔等都是支老师和其他几位同事步行20多里的山路肩挑手提运上山的,一趟下来,腰酸腿疼,筋疲力尽,浑身酥软。山村的家长重男轻女,不让女孩读书,支老师走门串户,与家长促膝谈心,动员家长把孩子送来学校,没让一个山村孩子辍学在家。

母亲从老家来学校看她,看到女儿步行20多里到山下接自己,心疼不已。支月英对母亲说:"这里山好,水好,村民朴实善良。"母亲心疼地说:"你就净说好!"她只是望着母亲笑。其实她心里装满了对亲人深深的愧疚,她何尝不想尽享天伦之乐,但她更愿意把爱意播撒在这青山绿水,让这份爱生根发芽,承载起贫瘠山村的绿色希望。

忘记自我,彰显教师本色

为了提高教学质量,支月英除了自学外,每年都积极参加各类教育培训,不断提高教育教学能力水平。她努力创新教学方法,不断提高学生学习效率,总结出适合乡村教学点的动静搭配教学法。她真诚对待每一个学生,把以人为本的教育思想融入教学过程中。在她眼里没有差生概念,只是爱好和特长不同。她循循善诱的教诲,像甘泉、像雨露,滋润着每一个深山孩子的心田。在她的精心教育下,一个又一个学生走出大山,成为各行各业的骨干。

一人一校的工作特别辛苦,支月英老师经常累得头晕眼花。她血压偏高,导致视网膜出血,只有一只眼睛正常。更让人揪心的是,2003年10月18日上午,正在讲课的她身体剧烈疼痛,几位家长迅速把她送往医院,医生诊断她身患胆总管胆囊结石,并马上进行了手术。住院的几天,她心里一直惦记着她的学生。刚刚出院,就立刻回到了学校。

2012年暑假，为了解决白洋村教学点校舍破旧问题，上级教育部门决定新建校舍。支月英就起早摸黑，一边教学，一边照料施工，帮工人做饭，将丈夫也拉来帮忙。整个暑假，支月英都是在校建工地度过的。如今崭新的校舍宽敞明亮。乡亲们看到崭新的校舍，感动不已。既是校长、老师，又是保姆，上课教书、下课照应学生玩耍。家里人担心他的身体，总是说："你也年过半百了，身体又不好，别的老师都往山外调，而你还往更远的深山里钻。"她乐呵呵地说："如果人人都向往山外，大山里、山旮旯里的孩子谁来教育？山区教育谁来支撑？"各级领导关心她，几次要给她调换工作，但她每次都婉言拒绝。

扎根山村，从"支姐姐"到"支妈妈"

支月英现已年过半百，当乡亲们问她："支老师，你退休后我们还请你继续到这任教。"她感动地回答："我是大山的女儿，如果身体允许，我就一直教下去。"从"支姐姐"到"支妈妈"，支月英整整教育了大山深处的两代人。支月英常说：自己虽然没有别墅，没有汽车，但她感到自己心底比千万富翁还舒坦。当在千里之外创业的学子来看望她，亲切拥抱她的时候，这种幸福感才是人生最美的享受，才是青春奉献的美好报偿！

"落红不是无情物，化作春泥更护花。"支老师虽然因身体状况有时力不从心，但她还是坚守自己岗位。她没有什么惊天动地的奇迹，只是在山旮旯的小学平凡工作了36个春秋。支月英老师的事迹感动着大家，她先后获得全国模范教师、全国岗位学雷锋标兵、中国好人、省师德标兵、三八红旗手标兵等荣誉称号。

她是大山的女儿，像一支燃烧的蜡烛，闪耀着灿烂的光辉，照亮了深山娃儿的梦想，她和千千万万山村教师一道，正努力实践着中国山村的教育梦。

案例来源：中国教育新闻网 2015 年 7 月 23 日 / 支月英：在山旮旯里

守望的女教师

http：//www.jyb.cn/china/rwfc/201507/t20150723_631137.html

问题思考：
结合材料，谈谈对理想信念重要性的理解。

案例评析：
支月英的故事说明，每个人内心深处都有一种精神的力量，那就是信念。在人的精神世界中，信念是认知、情感和意志的有机统一体，是人们在一定的认识基础上确立的对某种思想或事物坚信不疑并身体力行的心理态度和精神状态。通俗地讲，信念，就是确信，就是一种坚定不移的态度和观念。

正是凭借这种坚定的信念，支月英在困难和挑战面前，毫不犹豫，毫不退缩，36年如一日坚守着自己的选择。正如2016年感动中国组委会给她的颁奖词所言："你跋涉了许多路，总是围绕大山。吃了很多苦，但给孩子们的都是甜。坚守才有希望，这是你的信念。36年，绚烂了两代人的童年，花白了你的麻花辫。"这就是信念的力量。

教学建议：
此案例可在第二章第一节"理想信念的内涵及其重要性"教学中使用。

【案例4】大学生如何对待宗教问题

2015年4月广东千年佛寺东华禅寺推出"我佛要你"的招聘广告，近日火遍朋友圈，该广告据称点击量高达100多万，一时间4000余份履历蜂拥而至，其中不乏国外名校毕业生。

"我佛要你"，一年年面临"史上最难就业季"的大学生们应不应？事实上，宗教已经远比想象中更大程度地渗透入大学生的生活。

吉林省 2014 年调查本省 1309 名高校大学生后发现，有过被"传教"经历的学生占比已高达 33.36%。而往前 4 年，针对北京地区十所高校大学生展开的调查显示，该比例已经达到 45.5%。

苏州大学陈席元介绍自己经历过多次传教，"一般都会由搭讪开始，先聊天，聊很久之后才提出拉我做活动"。陈席元表示自己不会入教或参加活动，理由是自己已入党，但并不排斥传教，"有很多传教的是老外，可以锻炼口语"。

西安外国语大学的张慧说自己宿舍就有一位虔诚的基督徒，并描述舍友传教时"极其有耐心"，已经成功"拉了 5 个人入伙"。张慧说如果拉她入伙自己"绝对百分之百拒绝"，因为自己没有信仰，并表示"你信你的，别影响我就好。"

案例来源：新浪网 /《"我佛要你"，so 大学生"要佛"吗？》
http：//news.sina.com.cn/zl/zatan/2015-04-05/08043497.shtml

问题思考：

结合材料，谈谈大学生信教问题。

案例评析：

一则"我佛要你"的招聘广告之所以引起轰动，除了形式新颖之外，或许也是因为引发了大学生对宗教信仰的想象。在我国，信仰是个人生活层面的问题。只要出于自愿或内心的信仰，具体信仰什么，是个人的选择，不存在外在的强制。不论是党的宗教政策，还是国家的法律，都是主张宗教信仰自由的。也就是说，大学生可以信仰宗教。

　　大学生团契，是大学生目前信教的一种新形式。团契，是基督徒团契中的聚会形式，因参加聚会的主要成员身份是在校大学生，故称大学生团契。根据建立方的性质分为三种：由教会组织、由神学院学生组织和大学内部基督徒学生自发组织。教会建立的团契一般负责人由专业的牧师或者神学生担任，核心带领团队相对稳定；有资金和聚会场所的保证，完全可以成为大学内部团契带领人的培训基地；是大学内团契成员主日崇拜和毕业后的聚会场所，定期举行圣餐礼和洗礼。目前，大学生团契在国内发展迅速。自2008年至今，国内大学生团契已发展到包括海淀堂大学生团契、郑州QGL团契、商丘大学生团契、爱羊者团契、武汉大学生团契等十几个组织。虽然大学生团契在国内的发展还比较晚，但人数增长迅速，发展潜力极大，而且各种名目繁多，真伪难辨，所以，大学生信教仍需慎重。

　　总体来看，无宗教信仰的大学生对宗教的理解主要依据内心的想象与个人经历，多数都停留在表面阶段——"原则上保持宽容，实质上不太了解"。所谓"理性看待"，也多为现有社会观念教育下的无意识表现。也正是基于此，"传教人员"的个人特质对大学生的宗教理解和宗教印象产生了较大作用。每个人都有信教的自由，即使不信，也请保持理性，不要亵渎宗教的要义。更为重要的是，在宗教信仰自由的前提下，尤其要认清邪教的本质。

教学建议：
　　此案例可在第二章第一节"理想信念的内涵及其重要性"教学中使用。

【案例5】信仰的力量

马克思在中学时代就立下了为全人类解放而奋斗的誓言。他在中学作文《青年在选择职业时的考虑》中写道："刚踏上人生旅途、不愿受命运摆布的青年，在考虑对职业的选择时，不应局限在狭隘的利己主义的圈子里，而要寻求最大限度地造福于整个社会的道路和手段"，"如果我们选择了最能为人类福利而劳动的职业……那时，我们所感到的就不是可怜的、有限的、自私的乐趣，我们的幸福将属于千百万人。"

——选自《马克思恩格斯全集》40卷，人民出版社，1982年版第3至7页。

孙中山说：立志做大事，不要立志做大官。

青年周恩来誓为中华崛起而读书，赴日抒怀写道：

大江歌罢掉头东，邃密群科济世穷。

面壁十年突破壁，难酬蹈海亦英雄。

毛泽东少年立志。1910年（17岁），毛泽东的父亲毛顺生要他去做生意，毛泽东却立志走出韶山冲继续求学。经过自己的力争和亲友、老师们的一致劝说，父亲才答应他的要求。在离家赴湘乡县立东山高等小学求学前夕，毛泽东提笔写了一首《赠父诗》，夹在父亲每天必看的账簿里。这就是："孩儿立志出乡关，学不成名誓不还。埋骨何须桑梓地，人生无处不青山。"

历史上，凡是为人类进步事业作出贡献的人，都是在崇高理想信仰的激励下克服各种困难取得成功的。以李大钊、陈独秀、邓中夏、毛泽东、刘仁静、李达、李汉俊、何叔衡、董必武、陈潭秋、邓恩铭、包惠僧等为代表的一大批具有共产主义信仰的青年知识分子，积极活动，扩大宣传，发展组织，强力推动建立全国范围的共产党组织。李大钊领导建立了北京的共产党早期组织和北京社会主义青年团,并与在上海的陈独秀遥相呼应,"南陈北李,相约建党",成为中国革命史上的一段佳话。

1921年7月1日,中国共产党第一次全国代表大会召开,宣告中国共产党成立,从此中国革命的面貌为之一新。中国共产党的成立是中华民族发展史上开天辟地的大事变。从此,中国共产党的旗帜在中国大地迎风飘扬,引领中国共产党员前赴后继、一往无前地求解放、谋幸福,书写了波澜壮阔的历史画卷,中国人民的命运发生了根本性的改变。

在新民主主义革命时期,我们党团结带领全国人民,经过28年艰苦卓绝的斗争,推翻了帝国主义、封建主义、官僚资本主义三座大山,实现了民族独立和人民解放,建立了人民当家作主的新中国,开创了中华民族发展的历史新纪元。

在社会主义革命和建设时期,党领导人民确立了社会主义基本制度,在一穷二白的基础上逐步建立了独立的、比较完整的国民经济体系,使古老的中国以崭新的姿态屹立于世界的东方。在改革开放和社会主义现代化建设时期,党领导人民坚持以经济建设为中心,全面实行改革开放,建立了社会主义市场经济体制,开创了中国特色社会主义道路,综合国力和人民生活水平显著提升。

进入新世纪,面对复杂多变的国际环境和艰巨繁重的改革发展任务,我们党坚持把发展作为执政兴国的第一要务,战胜各种困难和风险,开创了中国特色社会主义事业新局面,中华民族正在以和平、发展、合作的形象崛起于世界民族之林。特别是党的十八大以来,以习近平同志为核心的党中央高瞻远瞩,协调推进"四个全面"战略布局,贯彻落实"五大发展"理念,扎实推进经济建设、政治建设、文化建设、社会建设、生态建设和党的建设,为实现中华民族伟大复兴的中国梦迈出了坚实的步伐。

案例来源:求是网/信仰的力量——纪念中国共产党成立95周年

http://www.qstheory.cn/wp/2016-06/24/c_1119100077.htm

问题思考：

结合材料，谈谈对树立崇高的理想信念的理解。

案例评析：

哲学家萨特曾经说过："世界上有两样东西是亘古不变的，一是高悬在我们头顶上的日月星辰，一是深藏在每个人心底的高贵信仰。"信仰关乎神圣，关乎敬畏，关乎遵奉，关乎践行。中国共产党的奋斗历程正是无数共产党员孜孜不倦追求共产主义信仰的过程。

英国19世纪著名的社会改革家塞缪尔·斯迈尔斯在《信仰的力量》中说："信仰象征着人类的理想，代表着人类不断探索追求的渴望，因为那里有我们未来曾踏足的原始，鬼斧神工的辉煌，碧海青天的梦想。我们为自己的信仰奋斗终生。能够激发灵魂的高贵与伟大的，只有虔诚的信仰。在最危险的情形下，最虔诚的信仰支撑着我们；在最严重的困难面前，也是虔诚的信仰帮助我们获得胜利。"习近平总书记指出："人民有信仰，民族有希望，国家有力量。"党的十八大强调，对马克思主义的信仰，对共产主义的信仰，是共产党人的政治灵魂，是共产党人经受住任何考验的精神支柱。马克思主义信仰是我们党的立党之本，执政之基，也是我们党区别于其他政党的显著标志。我们党始终高举马克思主义的伟大旗帜，带领全国各族人民勠力同心，接力奋斗，将一个积贫积弱的旧中国变成了一个繁荣富强的新中国。无论是在革命战争年代还是在和平建设时期，无数共产党人为了民族独立、国家富强和民族振兴，顽强拼搏，勇往直前，靠的是坚定正确的政治信仰。可见，保持对共产主义的坚定信仰、对中国特色社会主义的坚定信念是我们克服改革开放和中国特色社会主义现代化建设过程中遇到的一切艰难险阻的重要保障。

教学建议：

此案例可在第二章第二节"崇高的理想信念"教学中使用。

【案例6】大学生应如何实现个人理想

大学刚毕业那会儿，峰被分配到一个偏远的林区小镇当教师，工资低得可怜。其实峰有着不少优势，教学基本功不错，还擅长写作。于是，峰一边抱怨命运不公，一边羡慕那些拥有一份体面的工作、拿一份优厚的薪水的同窗。这样一来，他不仅对工作没了热情，而且连写作也没了兴趣。峰整天琢磨着"跳槽"，幻想能有机会调换一个好的工作环境，也拿一份优厚的报酬。就这样两年时间匆匆过去了，峰的本职工作干得一塌糊涂，写作上也没有什么收获。这期间，峰试着联系了几个自己喜欢的单位，但最终没有一个接纳他。

然而，后来发生的一件微不足道的小事，改变了峰一直想改变的命运。那天学校开运动会，这在文化活动极其贫乏的小镇，无疑是件大事，因而前来观看的人特别多。小小的操场四周很快围出一道密不透风的环形人墙。峰来晚了，站在人墙后面，跷起脚也看不到里面热闹的情景。这时，身旁一个很矮的小男孩吸引了峰的视线。只见他一趟趟地从不远处搬来砖头，在那厚厚的人墙后面，耐心地垒着一个台子，一层又一层，足有半米高。峰不知道他垒这个台子花了多长时间，但他登上那个自己垒起的台子时，冲峰粲然一笑，那是成功的喜悦。刹那间，峰的心被震了一下——多么简单的事情啊：要想越过密密的人墙看到精彩的比赛，只要在脚下多垫些砖头。

从此以后，峰满怀激情地投入到工作中去，踏踏实实，一步一个脚印。很快，峰便成了远近闻名的教学能手，编辑的各类教材接连出版，各种令人羡慕的荣誉纷纷落到峰的头上。业余时间，峰不辍笔耕，各类文学作品频繁地见诸报刊，成了多家报刊的特约撰稿人。如今，峰已被调至自己颇喜欢的中专学校任职。

其实，一个有理想的人只要不辞辛苦，默默地在自己脚下多垫些"砖头"，就一定能够看到自己渴望看到的风景，摘到挂在高处的那些诱人的果实。

案例来源：卢化南/成就你一生的100个哲理

http：//www.readers365.com/100story/47.html

问题思考：

结合材料，谈谈大学生应如何实现个人理想？

案例评析：

本案例可用于理想与现实的关系以及理想如何实现等部分内容的教学。其实，无论是大理想，还是小目标，做好眼前的小事都是成就大事的第一步。伟大的成就总是跟随在一连串小的成功之后。在理想确立之初，我们常常面对的是现实的"骨感"和"坚硬"，常常会感受到理想与现实之间的矛盾，直到我们向团体证明自己的价值，才能渐渐被委以重任或获得更好的机会。其实，这是人生的常态，任何人都是这样一步一步达至成功彼岸的。伟大的理想总是由无数个微不足道的小事情积累而成的，小事情干不好，大事情也不会干成功。成功不一定是做大事，把一件小事做好，并且持之以恒地做好每一件事，才是成功的必经之路。

教学建议：

此案例可在第二章第三节"个人理想与社会理想的统一"教学中使用。

【案例7】耶鲁"村官"秦玥飞

2016年感动中国十大人物的颁奖词：在殿堂和田垄之间，你选择后者，脚踏泥泞俯首躬行，在荆棘和贫穷中拓荒，洒下的汗水是青春，埋下的种子叫理想，守在悉心耕耘的大地，静待收获的时节。

他就是秦玥飞，男，1985年出生于重庆，重庆南开中学2005级毕业生。2005年取得美国耶鲁大学的全额奖学金，赴美留学。2011年，在耶鲁大学完成了经济学和政治学两个专业的学习，取得文科学士学位。许多人以为他肯定要走一条穿西装、拿高薪的富贵路。然而，谁也没想到，秦玥飞一个喝过"洋墨水"的城里孩子，从耶鲁毕业后，没有像其他海归一样去跨国公司或大型金融机构做白领，而是来到湖南一个小山村，走上一条进基层、当村官的实干路。

当村官第一天就被"上了一课"

2011年，秦玥飞到湖南衡山县贺家乡任大学生村官。来村里的第一天，天气炎热，早晨起床后全身都是汗，秦玥飞提着水桶去冲澡。却不想，这件事立即在村里传开了，有人说他娇气，有人说他嫌农村脏，还有人说他浪费水。

"如果身上还保持着外来气息，就难以真正融入农村。"这是村民给秦玥飞上的第一课。于是，秦玥飞减少洗澡次数，把印着英文字母的花哨T恤反过来穿，穿上解放鞋干活。渐渐地，村民开始信任秦玥飞，冬天送他军大衣，上门找他修电器……

贺家山村有条水渠，村里300亩良田全靠它引水灌溉。但10多年来，这条沟渠一直无人修理，且越堵越厉害。秦玥飞掌握情况后，便四处奔走寻求各方帮助，且每次的路费都是从自己每月1450元的工资里支出，他寻求各种社会资源支持贺家山村建设，共为村里筹集资金80多万元。

秦玥飞还为村里维修道路、安装路灯、扩建敬老院，并拉来了乡村信息化教育项目，他与村民的相处也变得自然而融洽：村民路上碰到秦玥飞，会主动打招呼、握手。走在路上，有村民追着往他手里塞鸡蛋……村民亲昵地称他"耶鲁哥"。

他召集高才生当起乡村创客

2014年服务期满，秦玥飞认为"输血"并非最可持续的乡村发展模式，他放弃提拔机会，转至白云村续任大学生村官，用"造血"建设乡村。他带领村民创办农民专业合作社发展山茶油产业，通过创业创新为当地创造可持续发展动力。

为吸引更多优秀人才服务乡村，秦玥飞与耶鲁中国同学发起了"黑土麦田公益项目"，招募支持优秀毕业生到国家级贫困县从事精准扶贫和创业创新。近30名来自清华、北大、复旦、人大、中国社科院等院校的"乡村创客"在15所村庄开展产业扶贫与创业创新，得到当地政府与村民的好评。

要在公共服务领域干点事儿

这是玥飞一直以来的梦想。如今，这个追求已经小有成绩，这个梦想也越来越坚定。"村官生涯快结束了，这是千金不换的经历。还没想过以后要干什么，但肯定会在公共服务的路上一直走下去。"秦玥飞说。如今"耶鲁哥"已小有名气，但他说，"面对基层，面对村民，我仍是一个学生，所有的一切，都需要学习。""农村社会的复杂性超乎我的想象，但我觉得这是个大课堂，我不能把它看作是不正常的现象。在村里做事遇到困难是正常的，只要学会去适应、学习、分析，就有可能找到解决方案。"

秦玥飞说。他用"脚踏实地，实干兴邦"来形容日后的村官工作。

案例来源：央视网/2016年感动中国获奖人物，2017年2月14日

http://news.cctv.com/special/gdzg2016/index.shtml

问题思考：

结合材料，谈谈大学生如何在实现中国梦的实践中放飞青春梦想？

案例评析：

秦玥飞自2011年8月担任大学生村官以来，立足农村实际，心系村民群众，动员多方社会资源，积极募集资金，倾心公益事业，在帮助硬化村级道路、安装路灯、改善农田灌溉设施、引进信息化教育设备、改扩建敬老院、提供校车安全保障等方面积极努力，无私奉献，为当地谋取民生福祉作出了较大贡献。这说明大学生要为理想而奋斗，关键是要在实践中把理想转化为现实。有时候理想看似遥远，但起点就在脚下。

不同时代赋予了年轻人不同的使命。振兴中华，实现中华民族的伟大复兴，是当今时代赋予年轻人的历史使命。个人理想只有与社会理想相一致，并升华为社会理想时，才更深刻、更有价值。秦玥飞是当今时代青年大学生的优秀代表。他把个人追求与社会理想相统一，并在实践中化理想为现实，最终既成就了个人理想，也增进了社会理想的实现。

教学建议：

此案例可在第二章第三节"个人理想与社会理想的统一"教学中使用。

第三章　弘扬中国精神

一、教材分析

（一）教学目的

本章的教学目的是通过本章的讲解，使大学生了解中国精神的历史传统与时代价值，了解中国精神的基本内涵，了解爱国主义的基本内涵和时代特征，了解改革创新的历史传承与时代要求。帮助大学生继承爱国主义优良传统，弘扬中国精神，把爱国之情、报国之志化作实现中华民族伟大复兴的实际行动。

（二）教学重点难点

【教学重点】

1. 中国精神的基本内涵。

2. 新时代的爱国主义。

3. 改革创新的时代要求。

【教学难点】

1. 实现"中国梦"为什么必须弘扬中国精神？

2. 经济全球化背景下如何弘扬爱国主义？

3. 如何理解在当代中国爱国主义与爱社会主义的一致性？

（三）基本知识结构

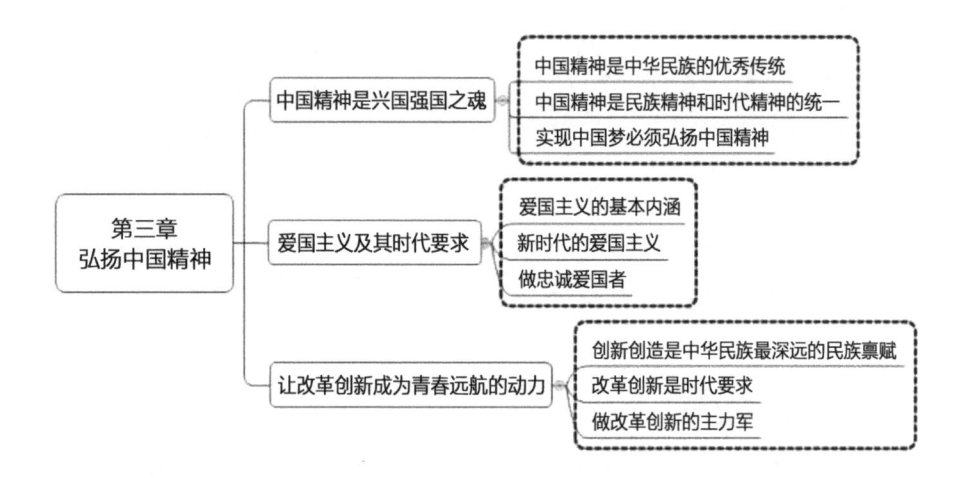

```
                          ┌── 中国精神是中华民族的优秀传统
        ┌── 中国精神是兴国强国之魂 ──┼── 中国精神是民族精神和时代精神的统一
        │                 └── 实现中国梦必须弘扬中国精神
第三章   │                 ┌── 爱国主义的基本内涵
弘扬中国 ├── 爱国主义及其时代要求 ──┼── 新时代的爱国主义
精神     │                 └── 做忠诚爱国者
        │                 ┌── 创新创造是中华民族最深远的民族禀赋
        └── 让改革创新成为青春远航的动力 ┼── 改革创新是时代要求
                          └── 做改革创新的主力军
```

二、典型案例

【案例1】谁能代表中国精神

2018年5月24日，崔永元发布了一条微博，事关2010年范冰冰领取"国家精神造就者奖"，并配文称：一个真敢发，一个真敢领。这是继"大小合同"一事后，范冰冰再次被"敢说真话"的名人崔永元爆料。虽然娱乐圈里演员领奖并不是一件新鲜事，但令人想不到的是，这个被冠以"国家"之名的奖项实际上却和政府部门毫无关系，主办方竟是一家外资企业和一家联合媒体——梅萨德斯-奔驰与现代传播集团《生活》月刊。

此微博一出，可谓一纸激起千层浪，引起舆论一片哗然。有人震惊，更有人愤怒。媒体和社会公知普遍认为，范冰冰并不能代表"国家精神"，"国家精神造就者"就更无资格谈起，而奔驰把AMG精神与中国的国家精神相提并论或涉嫌侵害国家荣誉。

几天之后，一组众多国内知名媒体联合举办的"改革开放40周年人物评选"的榜单，悄然间流行网络……许多仔细看了这张榜单的读者，忍不住质问：什么时候，咱们的科研专家、文学大师，要和一群演员同框竞选？什么时候，非典期间拯救中国的"黄文林"，农业造福何止亿万的"袁隆平"，竟比不过一个模特，竟抵不过一个网红？虽然榜单的每个人都可以说是代表了不同群体的时代烙印，虽然人无所谓贵贱，社会分工不同，贡献各异……但是，真正影响一个国家、一个时代的"灵魂级人物"，却与几位明星网红同框在列，着实令人感到不妥。毕竟，真正能改变我们的生活质量、国家实力的，并不是几首流行歌曲、几个娱乐视频能够做到的。

案例来源：网易新闻/奔驰给范冰冰颁奖？一个真敢发，一个也真敢领！
http：//dy.163.com/v2/article/detail/DJHIAHUN0515H58J.html
搜狐/改革开放四十周年人物评选，里边的这些"戏子"真的扎眼
https：//www.sohu.com/a/237555268_100097866

问题思考：
什么是中国精神？谁能代表中国精神？

案例评析：
中国精神是以爱国主义为核心的民族精神和以改革创新为核心的时代精神。中国精神作为兴国强国之魂是实现中华民族伟大复兴不可或缺的精神支撑和精神动力。

中国精神，是一个国家、一个民族的魂。国之魂者，立国之本。千千万万为国家作出贡献的人，千千万万在生活中闪耀真善美的人，都是"中国精神"的造就者！

纵观中华民族的文明史和中国革命的斗争史，多少仁人志士舍生取义，多少革命先烈血染沙场，多少莘莘学子鞠躬尽瘁，多少平民黎庶默默奉献。可以说，中国人民的创造写就了历史文明，中国人民的奋斗缔造了"中国精神"。中国精神是国难当头时奋不顾身抵御外敌拼死守卫家园的无畏英雄，是为国家的发展进步艰苦奉献一生的科研巨匠，是在灾祸来临时永远冲在第一线的我们的守护者，是在各个领域为国家、民族的荣誉而奋战的骄子，是一个个被尘世浮华所掩埋的默默无闻的优秀个体……是他们，用自己的默默无闻支撑起中国的强国梦；是他们，用自己的艰苦奋斗、无私奉献支撑起社会的一次次变革一次次进步！他们以无私奉献守卫国家的和平与安宁，他们以拼搏坚守铸就无数辉煌与灿烂，他们以身作则，唤醒沉睡的灵魂、警醒麻木的心灵！他们是国之栋才，是民族脊梁；他们，才是最值得我们崇拜的中国精神！正如鲁迅先生所言："我们自古以来，就有埋头苦干的人，有拼命硬干的人，有为民请命的人，有舍身求法的人……这就是中国的脊梁。"

虽然"明星""艺人"也有为国民带来艺术和乐趣的"实力派"，他们同样有自己存在的价值，但这并不意味着他们就适合与埋头实践、辛勤付出的真正英雄相提并论。钱学森、袁隆平、屠呦呦等人与他们之间的区别，犹如寒夜里的暖心之火与渺茫星点，孰轻孰重，谁更应当受到感恩爱戴，毋庸置疑。

教学建议：

此案例可在第三章第一节"中国精神是兴国强国之魂"教学中使用。

【案例2】"最美妈妈"吴菊萍

"最美妈妈"指在浙江省杭州市滨江区的闻涛社区中勇于救人的浙江嘉兴人吴菊萍。2011年7月2日下午1点半,一个2岁女童从10楼坠落,吴菊萍奋不顾身地冲过去用左臂接住孩子,目前女童已脱离危险。救人的年轻妈妈吴菊萍,其手臂骨折,受伤较重,被网友称为"最美妈妈"。

"雷锋传人"郭明义,辽宁鞍山普通工人。15年风雨无阻,每天提前2小时上班;16年从不间断,为失学儿童和受灾群众捐款12万元,资助180多名特困生;20年雷打不动,累计55次无偿献血(含血小板),总量相当于成人血量的10倍……

2011年10月13日,2岁的小悦悦(本名王悦)在广东省佛山市南海黄岐广佛五金城相继被两车碾压,7分钟内,18名路人路过但都视而不见,漠然而去,最后一名拾荒阿姨陈贤妹上前施以援手,引发网友广泛热议。2011年10月21日,小悦悦经医院全力抢救无效,在0时32分离世。2011年10月23日,广东佛山280名市民聚集在事发地点悼念小悦悦,宣誓"不做冷漠佛山人"。2011年10月29日,设有追悼会和告别仪式,小悦悦遗体在广州市殡仪馆火化,骨灰将被带回山东老家。

案例来源:百度百科/最美妈妈

https://baike.baidu.com/item/最美妈妈/8898010?fr=aladdin

中国文明网/解读"雷锋传人"郭明义:相似的履历 一样的情怀

http://www.wenming.cn/specials/zyfw/zzddlf/dangdailifeng/201203/t20120302_531052.shtml

百度百科/小悦悦

https://baike.baidu.com/item/小悦悦/7998861

问题思考：

为什么我们今天要提倡中华民族的优秀传统？

案例评析：

"最美妈妈"吴菊萍、"雷锋传人"郭明义，反映了中华民族的优秀传统——重义轻利。所谓"义利观"是指人们如何对待伦理道德和物质利益关系问题。这里的"义"主要包含两方面的意思：一是"正义"，即指合宜的道理或举动，指思想行为符合一定的道德规范标准；二是"义气"，即主持公道，同情他人的正义行动或甘于替他人承担风险和牺牲的气概。这里的"利"指物质利益和功利，它涉及国家、集体、个人三方面的利益。孔孟义利观的基本观点是义高于利，义主利从，但并不排斥谋取正当利益。孔子提出"君子义以为质，礼以行之"（《论语·卫灵公》），"见利思义""义然后取"（《论语·宪问》），明确以义作为谋利的准则；倘不符合此准则，则"君子固穷"，宁肯饿饭也不取。孔子因此对饿死首阳的伯夷叔齐评价很高；对安贫乐道的大弟子颜回称赞有加；他自己在陈绝粮，处于困境，仍"讲诵弦歌不衰"。（《史记·孔子世家》）孔子是言行一致的。

"义利之辩"是中国伦理学思想中的一个核心命题，"重义轻利""舍生取义""以义制利"，体现了历代思想家对"义"与"利"的理性思考，正确的义利观成为中国古代社会的主流伦理思想，以重义轻利为基础，是立身处世的终极追求，是每个中国人耳熟能详的道德准则。

当今社会，出现了像"最美妈妈"吴菊萍、"雷锋传人"郭明义等正面典型，然而也出现了"小悦悦事件"这样的悲剧。这说明，在价值观念多元化的今天，继承和发扬中华传统文化中有关义利观的合理思想，正确对待和处理"义"与"利"的关系十分重要。一方面，"利"是人们生存和发展的基本条件，是"义"的基础和前提。只有在一定"利"的指导和追求下，才能激发我们的积极性、创造性和内在潜能，激发我们的工作效率，创造更多的财富。但这并不能说明，利不需要义的发展。义对于利，是起着一个领导的作用。人们对"利"的追求是一个无止境的过程，没有"义"作为指导思想，"利"的追求就有可能走向扭曲化，就会导致追求"利"的最大化而不择手段，最终危害他人、集体或国家利益，甚至走上违纪违法的犯罪道路，不利于社会稳定与和谐发展。在对待义利问题的态度上，大学生应该将理想和现实相结合，正确处理好"为己之利""为他人之利"和"为社会之利"之间的关系。

教学建议：

此案例可在第三章第一节"中国精神是中华民族的优秀传统"教学中使用。

【案例3】中国品牌，贵在"中国匠心"

刚刚过去的五一假期，长沙一家小龙虾店成了话题热点。这家小龙虾店之所以能吸引四面八方的游客，排队多达7000号以上，除了网络传播得"热"，更在于餐饮品牌经营得"好"。品牌，成为汇聚人气、赢得市场的关键所在。

案例来源：人民网评：中国品牌，贵在"中国匠心"

http：//opinion.people.com.cn/n1/2019/0510/c1003-31076611.html

问题思考：

如何理解工匠精神？

案例评析：

工匠精神的核心是对职业的敬仰和奋斗，在孜孜以求和锲而不舍中呈现出劳动之美和价值所在，这一点对产业工人来讲尤为重要，因为一旦没有了工匠精神，社会也就无法托起产业巨轮扬帆远航。对于产业劳动者来说，社会的发展和民族的强盛少不了他们的汗水和奉献，他们身上所洋溢的昂扬斗志正是工匠精神的体现。

当下，我国社会发展已经进入全新的阶段，实现全面建成小康社会，需要通过凝聚各行各业、千千万万个工匠们的智慧，加快由中国制造脱胎换骨到中国智造的前进步伐，需要用工匠精神点燃信仰和激情、创造财富和价值、提升国力和形象，精心打造中华民族的美好未来。所以，从这个角度说，工匠精神就是一种民族精神。

教学建议：

本案例可在第三章第一节"中国精神是民族精神和时代精神的统一"教学中使用。

【案例4】战"疫"中的中国精神

己亥末，庚子春，病毒至。2020年伊始，一场席卷全中国的新冠肺炎疫情突然而至，牵动着全国人民的心。这是中国共产党执政治国的一场大考，是中华民族发展史上一场没有硝烟的战争。在这场大考、这场战疫面前，中国共产党引领党员干部和广大人民群众上下一心、共同努力，迸发出蓬勃力量，共克时艰，使得疫情防控和经济社会发展工作取得积极成效，全国疫情防控形势持续向好、生产生活秩序加快恢复的态势不断巩固和拓展。在这场战疫中他们向全世界展现出了我们中国独有的"中国精神"。

白衣执甲，逆风而行，迎难而上，决战武汉。新冠肺炎疫情暴发以来，全国各地42000多名医护工作人员驰援湖北抗疫第一线，以生命赴使命去践行着自己身为一个医务工作者的初心和使命。他们同时间赛跑，与病魔较量，顽强拼搏、日夜奋战，只为能多挽救一条生命。什么是中国精神？中国精神就是他们这群新时代最可爱的人，是他们在医院忙碌的身影，是他们那一张张布满印痕的脸颊。

疫情当前，人民群众众志成城，共克时艰，展现出了"团结互助、同舟共济"的中国精神。新冠肺炎疫情暴发以来，全党全军全国各族人民都同湖北人民站在一起，全国上下拧成一股绳共战新冠疫情。火神山、雷神山医院建设工地上日夜奋战的身影；海外各国药店、超市寻找口罩、消毒液的中国留学生；全国各地往湖北运输蔬菜的一辆辆卡车；冲锋在前，奋战在抗疫第一线，践行着对党忠诚、服务人民的广大党员干部；减少出行，居家"报国"的普通人民群众……在这个特殊时期，在这个国家危难之际，全国人民万众一心，共同决战新冠肺炎疫情。

新中国成立以来，经历了一次又一次的磨难，1998年的抗洪救灾，2003年的抗击"非典"，2008年的汶川地震，以及这次的新冠肺炎疫情，这些磨难既是战争，也是考验，我们新中国正是在这一次又一次的磨难和考验之中不断成长壮大的。在这场战疫之中，广大党员干部、英勇的人民军队、全国各地医护工作人员以及全国各族人民在党的领导下，向世界展现了我们的"中国精神"，在这次大考之中，交出了一份满意的答卷。

案例来源：搜狐/新锋众声/杜飞龙：战疫中的中国精神

https://www.sohu.com/a/383313537_616324

问题思考：

如何理解中国精神？

案例评析：

由于幅员辽阔，地形复杂，人口众多，从古时起，中国就灾害频发。翻开二十四史便不难发现，里面记载的除了帝王将相史之外，记录最多的便是水灾、旱灾、地震、瘟疫等。除去天灾，这片土地也经历了无数大大小小的战争，尤其是近代以来鸦片战争、甲午战争、抗日战争等，从古至今，我们前进的道路上都是荆棘密布，从来不曾是一片坦途。但如今的中国，是世界第二大经济体，经济总量占世界经济比重近16%，财政收入连续13年稳居世界第一，这些伟大成就的背后，是中国共产党的坚强领导，是一代又一代人的自强不息，艰苦奋斗，是生生不息、世代传承的中国精神。伟大的中国精神是中华民族精神和时代精神的统一，以爱国主义为核心，以改革创新为时代要求。它源于中华民族5000多年的悠久历史文化，又承接于中国革命伟大的奋斗历程，再延展于中国特色社会主义现代化建设的过程。

习近平总书记指出："人无精神则不立，国无精神则不强。精神是一个民族赖以长久生存的灵魂，唯有精神上达到一定的高度，这个民族才能在历史的洪流中屹立不倒、奋勇向前。"中华民族一路走来，历经5000多年风雨而不倒，历经磨难而不衰，饱尝艰辛而不屈，千锤百炼而愈加坚强，其秘诀就是靠这种威力无比的中国精神。我们越是在困难的时候，越是要大力弘扬中国精神，越是要大力增强中华民族的凝聚力。

当前，全国人民上下一心正在进行的新型冠状病毒感染的肺炎疫情防控阻击战，再一次向世界展示了中国精神：全国多地的医护人员主动请愿驰援湖北；10天时间，总建筑面积3.39万平方米、可容纳1000张床位的火神山医院落成,"中国速度"再次让世界惊叹……哪里有什么"基建狂魔",不过是建筑工人夜以继日用自己的身躯抵挡住黑暗;所谓的"白衣天使",也只是一群孩子换上白大褂,学着大人的样子治病救人。以各种形式为这场战役作出贡献的人还有许多许多,抗疫一线的"逆行者"们不断用行动诉说着伟大,在人们都希望有一个超级英雄出现的时候,他们已经成为自己的英雄、时代的英雄、人民的英雄,他们是中国的现在,更是中国的未来。

美国前国务卿基辛格曾说:"中国总是被他们最勇敢的人保护得很好。"我们的先辈历经艰难险阻,用自己的生命换来了民族独立和自由,在当前抗击疫情的攻坚时期,中国精神也必将如同熊熊燃烧的火炬,照亮我们前进的道路,坚定我们迎着困难前行的脚步,汇聚14亿人团结的蓬勃力量来谱写一首胜利战歌。

教学建议:

本案例可在第三章第一节"中国精神是民族精神和时代精神的统一"教学中使用。

【案例5】他们是院士也是战士

他是钟南山,面对疫情,他呼吁:"没有特殊的情况不要去武汉"。说完这句话,他义无反顾启程武汉!他不惧一切地跟疫情拼搏,他的无畏让无数人敬佩。

她是李兰娟,从2003年抗击"非典",到2013年防控H7N9禽流感,再到此次阻击新冠肺炎疫情,始终冲在第一线。当年逾古稀的她摘下口罩，脸上压痕清晰可见的照片令人动容。

他是张伯礼，推动中医药进方舱医院，探索中西医联合诊治。在武汉做完胆囊摘除手术后，又投入到紧张的工作中。

他是黄璐琦，作为国家中医药管理局医疗救治专家组组长，率领第一支国家中医医疗队奔赴武汉金银潭医院并接管一个重症病区，在武汉抗疫一线坚守至今。

她是乔杰，2月1日到达武汉后，带领团队与兄弟医院、当地医院团结协作，仅用30多个小时便在华中科技大学附属同济医院中法新城院区组建起危重症病房，并开始收治患者。

他是仝小林，除夕当天便率队紧急奔赴武汉防疫一线，深入走访定点医院、重症病房、社区卫生服务中心、隔离点，不断优化新冠肺炎诊疗方案中的中医治疗方案。

他们分别是中国科学院、中国工程院院士，也是奋战在抗疫一线的白衣战士。新冠肺炎疫情发生以来，他们挺身而出，不顾安危带领团队与时间赛跑、同病魔较量，在抗疫主战场发挥领军作用。

他们是院士，也是战士。正如习近平总书记在湖北省武汉市考察新冠肺炎疫情防控工作时所指出的，在湖北和武汉人民遭受疫情打击的关键关头，广大医务工作者坚韧不拔、顽强拼搏、无私奉献，展现了医者仁心的崇高精神，展现了新时代医务工作者的良好形象，感动了中国，感动了世界。

案例来源：人民日报/院士也是战士 2020年3月17日
http://www.rmzxb.com.cn/c/2020-03-17/2539643.shtml

问题思考：

从案例中，你有哪些感悟？

案例评析：

八十多年前，著名教育家、南开大学老校长张伯苓对师生曾发过"爱国三问"：你是中国人吗？你爱中国吗？你愿意中国好吗？习近平总书记对此给予充分肯定，指出"爱国三问"既是历史之问，也是时代之问、未来之问。在当今经济全球化的新时期，爱国主义不仅没有过时，而且被时代赋予了新的内涵。

中华民族在五千年的历史发展进程中，遇到过不少艰难险阻，但无论什么天灾人祸，都没有吓倒、压垮中华民族，中华民族反倒在苦难和险阻面前愈战愈勇、越挫越强。"天行健，君子以自强不息"，"艰难困苦，玉汝于成"，正是在百折不挠的奋斗中，形成了我们伟大的民族精神，这体现在中华民族所具有的伟大创造精神、伟大奋斗精神、伟大团结精神、伟大梦想精神。爱国主义是我们民族精神的核心，是四个伟大精神的内核。

民族精神、爱国主义不是凝固的，每个时代都为其增加着新的内涵，增加着有形的、感人的精神雕像。在革命战争年代有董存瑞、黄继光，在社会主义建设和改革时期有雷锋、焦裕禄、郭明义，中国特色社会主义进入新时代，这更是不缺少榜样、英雄的时代。人民日报微博这样评价84岁的钟南山：有院士的专业，有战士的勇猛，更有国士的担当。一路奔波不知疲倦，满腔责任为国为民，的的确确令人肃然起敬！今天的防控疫情阻击战涌现的许许多多的榜样、英雄故事，可歌可泣、催人奋进。

民族精神、爱国主义不是遥不可及的，它与我们每个中国人相关，体现在平凡人做出的不平凡事上。我们看到，有的工作人员因操劳过度，牺牲在抗击疫情岗位上；武汉金银潭医院240多名党员，没有一名临阵退缩，院长张定宇用患有渐冻症而一瘸一拐的腿，夜以继日地与病毒赛跑；还有一个叫甘如意的在湖北卫生院工作的女孩，返乡过节独自骑行和乘顺风车300多公里来到武汉工作岗位，没有人逼她，是她自己甘心如意；多少医护人员的面颊被防护眼镜勒出深深痕迹，又有多少白衣天使剪去秀发，变身光头"女神"，与进入病区前判若两人；还有最熟悉的陌生人——因为穿着防护服，送饭的丈夫不认识妻子……这样感人的事，数不胜数，但它们都有一个共同的名字，那就是：中国精神、中国价值、中国力量的化身！

教学建议：

此案例可在第三章第一节"中国精神是民族精神和时代精神的统一"教学中使用。

【案例6】余光中：一首《乡愁》，两岸泪流

小时候，乡愁是一枚小小的邮票，我在这头，母亲在那头。

长大后，乡愁是一张窄窄的船票，我在这头，新娘在那头。

后来啊，乡愁是一方矮矮的坟墓，我在外头，母亲在里头。

而现在，乡愁是一湾浅浅的海峡，我在这头，大陆在那头。

这是台湾著名诗人、文学家余光中的著名现代诗《乡愁》。这首诗，寄托了两岸人们的情感，很多离乡奔波的人们在看到这首诗也会流下眼泪，这份乡愁，虽不如两岸的那种乡愁，但我们也从中能读懂一丝诗人想要表达的情感。一声声乡愁，敲击着我们的心头，那般清脆，又那般柔软，软到一碰就碎，坚硬到暗夜流泪，这一切我们都只能独自忍受。但是余光中老先生最后也没有看到祖国统一，没有回到他心心念念的故乡。在2017年12月14在台湾逝世，享年89岁。有人说，余光中老先生的离开，中国的诗坛就塌了半边天。

案例来源：百度/乡愁

https：//baike.baidu.com/item/%E4%B9%A1%E6%84%81/10635627?fr=aladdin

问题思考：

如何理解《乡愁》中表达的家国情怀？

案例评析：

这是一首牵系两岸人民的诗歌，这首诗歌虽没有多少字，但是却饱含了无数的情感在里面。很多在台湾的人们都无法回到自己的故乡，只能隔海相望，望着自己故乡的方向，这首诗歌也表达着诗人渴望祖国统一和亲人的团聚，但这又怎么是轻易实现的呢？寥寥数语却有着强烈的思乡之情。每一次读都有不同的感触，读懂那诗句中的意义。

爱国主义体现了人们对自己祖国的深厚感情，揭示了个人对祖国的依存关系，是人们对自己家园以及民族和文化的归属感、认同感、尊严感与荣誉感的统一。它是调节个人与祖国之间关系的道德要求、政治原则和法律规范，也是中华民族精神的核心。每个人来到这个世界，都要在社会中生存，都要获取生存发展的物质条件，都要寻求慰藉心灵的精神家园，这一切首先得之于祖国。我们不光记住了余光中那些或激烈或舒缓、或迷茫或清醒、或写实或浪漫的诗文，更记住了他对两岸统一的疾呼与魂牵梦绕，记住了他那满腔的爱国情怀。

余先生曾把自己的生命划分为三个时期：旧大陆、新大陆和一个岛屿，旧大陆是祖国，新大陆是异国，岛屿则是台湾。他21岁第一次离开旧大陆去岛屿，30岁第一次离开岛屿去美国求学。第一次离开，思念的是台湾，后来，思念的是祖国，再往后，变成对中国文化——汉魂唐魄的无限眷恋。年轻时，余先生因为对外国文化的向往而选择主修外文，又屡次去往美国留学和讲学。美国文学与文化对他影响愈深，乡愁也像魔豆般在心底滋长。他日思夜念的故乡，是再回不去的故土、深邃的中国文化、已逝的美好、精神的栖所。

余先生一生漂泊，从江南到四川，从大陆到台湾，求学于美国，任教于香港，最终落脚于台湾高雄的西子湾畔。多年来中国传统文化与西方文化艺术的熏陶研习，让余先生在中西文学界享有盛誉，往返于两岸多国，却依然从未有过"归属感"。他诗文的主题，多离不开"离乡""乡愁""孤独""死亡"，读他的诗，迎面而来的是一种入骨的苍凉与顽强。余光中在《乡愁四韵》中深情地呼喊："给我一瓢长江水啊长江水，那酒一样的长江水，那醉酒的滋味，是乡愁的滋味，给我一瓢长江水啊长江水……"他在《当我死时》中殷切地期望："当我死时，葬我，在长江与黄河之间……到多鹧鸪的重庆，代替回乡。"这些，无不饱含着对大陆的思念、对两岸统一的渴盼。

教学建议：

此案例可在第三章第二节"爱国主义的基本内涵"教学中使用。

【案例7】尼泊尔撤侨的"中国速度"

2015年4月25日14时11分，一场浩劫袭击了中国紧邻的尼泊尔。地震发生以后，伴随着各国紧急救援行动的开启，我国也在为当地遇险的中国游客和侨胞祈福和提供力所能及的救援。

4月27日，一条微博在网络走红，太多网友为之感动振奋。微博全文如下：在成都双流机场，乘坐川航3U8720航班的游客从机场里走出来，等待接机的亲人和朋友已经迫不及待，一直望向出口。不少乘客一出闸口便和亲人相拥，脸上的表情有后怕也有庆幸。据了解，川航3U8720是尼泊尔地震发生后加德满都机场第一班起飞的国际航班。

这架4月26日归来的中国航班载满了安全回国乘客的激动。有位乘客说："当时，尼泊尔机场门口堆了各国人，管理人员就喊：只有中国人能进来，只有中国人！"一位网友就此写下一句流传甚广的话："虽然中国护照不能带我们去很多地方，但在关键时刻，祖国能带我们回家！"

撤侨就是一个国家的政府通过外交手段，把侨居在其他国家的本国公民撤回本国政府的行政区域的外交行为。随着中国公民每年出国人数的增多，伴随着国家的强大，政府更重视也更有能力去保护境外的公民和企业。

这样的例证不胜枚举。从2006年到2011年，中方先后通过包机等手段从所罗门群岛、黎巴嫩、汤加、乍得、海地、吉尔吉斯斯坦、埃及、利比亚帮助数千侨胞撤离，甚至动用了军机。2015年2月在也门撤侨行动中，一艘中国战舰加入其中。在这些跨国撤侨行动中，中国还积极参与救助别国遇险公民，受到国际社会广泛赞誉。

面对重大公共危机事件，中国不断交出的漂亮答卷，既展现出快速崛起的中国对保护国民的自信和能力，更是在全球范围内肩负大国责任的生动例证。这是中国制度优势和全球崛起使命双赢的结晶——每当国内外出现重大天灾，面对世界关切乃至挑剔的眼光，从国家领导人到寻常百姓，以集体的名义，快速汇聚成一方有难、八方支援的爱心洪流；从整合资源到全面救助，体现出惊人的效率，为国家和民族增添充满自豪的光芒。

案例来源：人民网/尼泊尔撤侨的"中国速度"

http：//www.people.com.cn/n/2015/0429/c347407-26927133.html

问题思考：

如何认识国家与个人的关系？

案例评析：

从上述案例中，我们能够体会到：国家和个人是紧密联系在一起的，没有国就没有家，就没有个人。国家的强大与否直接关系到个人的命运前途。不管是现在还是可预见的未来，民族国家仍然是国际社会最重要的政治单元，在维护民族国家的利益方面具有第一位重要的意义，发展中国家尤其如此。越是危难的时刻我们越能感受到祖国的重要性，越需要祖国的保护和支持。因此，无论何时何地，我们都要始终把个人和国家紧密联系在一起，把祖国的荣誉、尊严和利益置于至高无上的地位，把爱国主义的优良传统发扬光大。

教学建议：

此案例可在第三章第二节"爱国主义的基本内涵"教学中使用。

【案例8】课堂上的交锋

一位原为记者的中国留学生，赴法国巴黎一大学就读，第一场对话就受到了教授的"挑战"。

教授："作为记者，请概括一下你在中国是如何工作的。"

留学生："概括来讲，我可以写我愿意讲的东西。"

教授精心设计了一个陷阱："我可以知道您来自哪个中国吗？"

留学生："先生，我没听清楚您的问题。"

教授："我是想知道，您是来自台湾中国还是北京中国？"

霎时，全班几十双不同颜色的眼睛一齐扫向了这个留学生和一位台湾学生。这个留学生沉静地说："只有一个中国，教授先生，这是常识。"随后，那位台湾同学在教授和同学们的注视下也重复一遍说："只有一个中国，教授先生，这是常识。"

教授似乎不甘心，提出一个更大难度的问题："我实在愿意请教，中国富强的标志是什么？这儿坐了二十几个国家的学生，我想大都有兴趣弄清楚这一点。"这个中国留学生站起来，一字一板地说："最起码的一条是任何一个离开祖国的我的同胞，再不会受到像我今日承受的这类刁难。"

教授离开了讲台走向中国留学生，一只手放到他的肩上，轻轻地说："我丝毫没有刁难你的意思，我只是想知道，一个普通的中国人是如何看待他们自己国家的问题的。"然后他大步走到教室中央大声宣布："我向中国人脱帽致敬！"

案例来源：《杂谈》2012年12月22日

问题思考：

这名中国留学生的行为给我们什么启示？

案例评析：

这名留学生面对海峡两岸骨肉分离、亲朋隔断的现状，面对教授的有意提问，真切地表达了对整个民族利益共同体的自觉认同。中华民族的利益是我国各族人民的共同利益、长远利益和最高利益，这种利益高于各个民族内部的、局部的、暂时的利益。爱自己的同胞就是爱人民群众。对人民群众感情的深浅程度，是检验一个人对祖国忠诚程度的试金石。爱自己的骨肉同胞，最主要的是培养对人民群众的深厚感情，坚持以人民为中心的立场，始终紧紧地同人民群众站在一起。

教学建议：

本案例可在第三章第二节"爱国主义的基本内涵"教学中使用。

【案例 9】2017 年度感动中国人物卢丽安

1997 年，卢丽安夫妇到上海复旦大学任教。几年下来，卢丽安成为复旦大学最受欢迎的教授之一。2015 年，卢丽安加入中国共产党，2017 年，被选举为十九大党代表。卢丽安在十九大会议期间接受采访时说道："我以台湾的女儿为荣，我以生为中国人为傲。"十九大会议结束后，"卢丽安效应"在慢慢蔓延。很多台胞朋友为她点赞，因为她说出了广大台胞们的心声。还有她的学生，默默地留言支持老师，向老师学习回报社会。卢丽安效应所彰显的绝不只是她个人能够加入中国共产党，并成为中共十九大党代表那般简单，而在很大程度上表明了两岸关系发展的历史趋势。卢丽安所代表的也不仅仅是她个人，而是代表了心系祖国的台湾人民。正如在"感动中国"人物评委会致卢丽安的颁奖词中所讲："台湾的女儿，有大气概。祖国为大，乡愁不改；把握现在，开创未来。分离再久，改不了我们的血脉，海峡再深，挡不住人民追求福祉的路。"

案例来源：央视网/感动中国 2017 候选人物——卢丽安

http：//news.cctv.com/2017/12/21/ARTIO00cYrhA8zQkT7szOKey171221.shtml

问题思考：

透过上述案例中的卢丽安事迹及"卢丽安效应"，谈谈如何做新时代忠诚的爱国者。

案例评析：

"卢丽安效应"所彰显的绝不只是她个人能够加入中国共产党，并成为中共十九大党代表那般简单，而在很大程度上表明了两岸关系发展的历史趋势。爱国主义与拥护祖国统一具有一致性。拥护祖国统一，不仅是对生活在大陆的中国公民的要求，而且是对全体中华儿女包括港澳台同胞及海外侨胞的基本要求。邓小平曾经指出："港澳、台湾、海外的爱国同胞，不能要求他们都拥护社会主义，但是至少也不能反对社会主义的新中国，否则怎么叫爱祖国呢？至于对中华人民共和国领导下的每一个公民，每一个青年，我们的要求当然要更高一些。"所以，只要站在拥护祖国统一的原则立场上，深明中华民族的大义，就能够在政治上求同存异，就能够团结起来，共同为祖国的统一大业奋斗。

教学建议：

此案例可在第三章第二节"新时代的爱国主义"教学中使用。

【案例10】如何看待"洁洁良"事件

2018年4月，一微博名为"洁洁良"的账号（现已注销）公开发布辱华言论，此言论一经发出，引起诸多网友不满，在各大网络平台上引起了轩然大波。网友们对"洁洁良"的身份进行深挖，却发现网络上咄咄逼人的"洁洁良"在生活中却是个成绩优异、保送博士、曾获12项荣誉称号的学生党员。

案例来源：新浪/"洁洁良"们的双面人生：精致利己主义者的丑陋
http：//edu.sina.com.cn/l/2018-04-25/doc-ifzqvvsc0837279.shtml

问题思考：
如何看待"洁洁良"事件？

案例评析：
抗战历史不可亵渎，民族尊严岂容玷污！2018年9月1日晚，厦门大学新闻网的一条消息显示，此前在网上引发轩然大波的"洁洁良"事件的当事人田佳良，被开除党籍，退学。作为一名有着中共党员、三好学生、院学生会副主席等诸多身份的"高材生"，入党申请书上的田佳良满满正能量，现实中却是个价值观偏差的双面人精，实在令人深思。

"洁洁良"事件的起因是关于某活动后的现场垃圾所引发的评论，但是评论中大家都在质疑国人素质，为何只有"洁洁良"的评论引起了广大网友的愤慨？这种一边积极入党，获取利益，享受祖国良好教育和政策，一边辱骂国家，看不起母校，诋毁同胞的双面人精，究竟是人性的扭曲还是道德的沦丧？分析其原因：

一是价值观偏差。按理说作为就读于高等学府的莘莘学子，正确的人生观价值观应该是必须具备的，然而事实上，我们从这两个事件上看到的却是公开辱骂自己国家和同胞的"精日分子"。其实这种貌合神离的人在任何阶层中都存在。爱国不是唱国歌就叫爱国，而是基于对我们的民族和国家有着深刻理解，对我们的民族和国家有着深切的期许和热爱。

二是精致的利己主义者。"精致的利己主义者"一词源于北大中文系钱理群教授，他曾在网上讲过一句话："我们的大学，包括北京大学正在培养一大批'精致的利己主义者'，他们高智商，世俗，老道，善于表演，懂得配合，更善于利用体制达到自己的目的。这种人一旦掌握权力，比一般的贪官污吏危害更大。"他们因为利益的驱使不断更新自己优秀的形象，可一旦失去了利益作为动力，就会原形毕露，人设崩塌。其实他们也反映出了当下社会的诸多问题，为何现在的利己主义者越来越多？为何这种利己主义者在社会上更吃香？这些问题值得我们深思。

三是体制内的双面人生。辱华事件可悲的是努力获得的荣誉，并不是因为真心热爱，是为了在履历上增添光鲜亮丽的一笔。这种迎合各种奖励机制，迎合社会的体系评价，这种表演型人格似乎普遍存在。这种"人格分裂"的表现，表面上慷慨而激昂，爱祖国爱集体，内心却是截然相反的想法，更可怕的是"两种人格"随意切换，遵从能利己的原则，不断挑战道德底线。其实细想想我们又何尝不是戴着面具在生活呢？只要以爱国为底线，坚守底线，不忘初衷，就不会走向像"洁洁良"的这种的可悲人生。

教学建议：

此案例可在第三章第二节"新时代的爱国主义"教学中使用。

【案例11】从"钓鱼岛事件"看理性爱国方式

2012年9月8日凌晨，日本以涉嫌"妨害公务罪"对中国渔船船长实施逮捕，钓鱼岛事件由此展开。后来，日本政府面对媒体提出，要"购买"钓鱼岛。日本这一做法侵犯了我国的领土权，对中日友好关系的发展产生不利的影响。

自古至今，钓鱼岛就是我国不可侵犯的领土，日本的诸多行为激起了我国爱国群众的愤怒。在我国领土主权受到侵犯的情况下，很多群众自愿团结起来,一起抗议、反对和谴责日本的恶劣行为,这在一定程度上形成了维护主权、捍卫领土、伸张正义的强大声势。"保护钓鱼岛"得到大家的认可和大力倡导。一时间,"抵制日货"活动、"保护钓鱼岛"签名活动等都在我国各省市地区开展。

但是另一方面,涉及爱国的负面新闻也不断产生——砸日本车、砸日货店、纵火、打人等暴力非法行为都在各地发生。这些活动虽以爱国为主要目的,但违背法律法规,对于我国这种法治国家来说,这都是不允许发生的。不容忽视的是,也有少数人打着"爱国"旗号,参与砸车、砸店、纵火等暴力活动,危害到了公共安全,其行为已经超出法律允许的范畴,这是任何法治社会都不允许的。

据新华社报道,19日上午,北京、济南、青岛、广州、深圳、太原以及杭州等中国10多个城市均出现了不同规模、不同形式的非理性抗议活动。大街上日系车子被砸,商场里日产的家电被砸,甚至走在路上的日本人都无辜被打。

案例来源:凤凰网/中国10余城市民众游行抗议日本右翼分子登上钓鱼岛

http://news.ifeng.com/mainland/special/diaoyudaozhengduan/content-3/detail_2012_08/19/16920900_0.shtml

问题思考:

如何看待"暴力"爱国行为?如何理性表达爱国情感?

案例评析:

爱国是一种情感,也是一种道德,更是一种责任。这种爱国情怀,可以通过很多合法的方式进行表达。相反,当人们无法合理控制自己的情感，将所谓的爱国行为暴力化、违法化的时候，爱国行为已经变质。如何理性表达爱国情感呢？

第一，要将理性的爱国情感与爱国意识融合。理性爱国就是要将国家利益、民族利益、集体利益置于个人利益之上，将国家利益视为最高的利益追求，在法律框架内实施爱国行为。情感和意识是行为的指引，具备理性的爱国情感和爱国意识，就会引导爱国行为趋于理性，从而更好地维系国家利益和人民利益。

第二，要将内在爱国情感转化为理性爱国行为。爱国是一种思想和情感的表达，体现在个体的行为之中，理性爱国需要将个体的思想和情感进行转化，转化为理性的爱国行为。爱国并不是空洞的口号，而是要借助具体的行为，利用实际行动捍卫祖国利益，以实际行动维系国家权益。

教学建议：

本案例可在第三章第二节"做忠诚的爱国者"教学中使用。

【案例12】台湾间谍门事件

2011年，18岁的小哲正在一所重点大学机械专业读二年级，因为学习成绩优异，他得到了去台湾义守大学学习交流的机会。

在一次聚会上，小哲被一位自称许佳滢的台湾女子搭讪，之后常常相约，小哲感觉到这位大几岁的小姐姐对自己的情意不一般。一个月后两人相约旅行，许佳滢不厌其烦地打听关于小哲的各种情况，比如亲戚中有没有公务员，能不能接触到政府的一些文件，并且告诉小哲这些文件还可以卖钱。而小哲因所学专业，可以接触到不少国防科工的机密，但他完全没有意识。当晚二人发生了关系。小哲回大陆后，许佳滢以恋人的身份向小哲提出要求，让小哲及时把他取得的成果发过来和她分享，彼此做对方的"眼睛"。小哲就读研究生后，得以参与国家重点实验室的一些项目，逐渐感觉到许佳滢的要求不正常，但分手的结果是许佳滢四处诋毁小哲是个骗子。

据陕西省国家安全厅干警介绍，小哲总共向许佳滢提供了涉及中国国防科工的近百份情报，也收到了许佳滢的一些报酬，总共折合人民币45000元。经查明，许佳滢的真实姓名是许莉婷，1977年1月出生，比小哲大了整整16岁，是台湾军情局的间谍人员。

案例来源：百度百科/台湾间谍门

https://baike.baidu.com/item/台湾间谍门/22878096?fr=aladdin

问题思考：

全球化背景下，如何提高国家安全意识？

案例评析：

据北京市国家安全局干警介绍，这些被台湾间谍盯上的学生，大都是政治、经济等文科专业或者涉及国防科工机密专业的学生，这次因为国家安全部门及时发现，这些学生得以悬崖勒马。而他们的行为如果持续下去，最终将酿成大祸。案例中的小哲因为不再适合相关专业的学习而退学，并被追究相关法律责任，其他的几名学生也都受到了批评教育。提醒在外学习的同学们：警惕无缘无故的恩惠，拒绝免费提供的午餐。

国家安全是安邦定国的重要基石，维护国家安全是全国各族人民根本利益所在。在国家安全形势越来越复杂的今天，大学生要增强国家安全意识，对境内外敌对势力的渗透、颠覆、破坏活动保持高度警惕，切实履行维护国家安全的义务。

教学建议：

此案例可在第三章第二节"做忠诚的爱国者"教学中使用。

【案例 13】大力弘扬载人航天精神

2016 年 11 月 18 日 14 点 07 分许，"神舟十一号"载人飞船返回舱在内蒙古四子王旗预定区域安全着陆，航天员景海鹏、陈冬状态良好，"天宫二号"与"神舟十一号"载人飞行任务取得圆满成功。航天人以奋力拼搏、敢于胜利的气概和勇气，又一次取得骄人业绩。从"神舟一号"到"神舟十一号"，中国迈向航天大国的步伐铿锵有力。祖国为之骄傲，人民为之自豪，世界为之喝彩。

从无到有，从弱到强，我国航天科技以令人惊叹的速度，不断刷新纪录，谱写着追赶、并跑、超越的奇迹。曾几何时，航天大国俱乐部里，根本没有我们的席位，中国几代航天人硬是凭着"不服输"的一股劲，咬定青山不放松，埋头苦干，不畏难、不气馁，逢山开路，遇水架桥，把困难踩在脚下。从首次实施载人航天飞行，到完成太空行走，从把"玉兔号"送上月球，到此次"神舟十一号"航天员中期在轨驻留，几年一大步，我国稳步迈入了航天大国行列。习近平总书记指出，"探索浩瀚宇宙、发展航天事业、建设航天强国，是我们不懈追求的航天梦"。我国航天人在几十年的奋斗中，创造了以"两弹一星"、载人航天、月球探测为代表的辉煌成就，走出了一条自力更生、自主创新的发展道路，积淀了深厚博大的"两弹一星"精神和载人航天精神。

案例来源：凤凰网 / 大力弘扬载人航天精神

http : //news.ifeng.com/a/20161119/50282432_0.shtml

问题思考：

如何认识航天精神？

案例评析：

载人航天工程是当今世界高新技术发展水平的集中体现，是衡量一个国家综合国力的重要标志。在实施载人航天工程过程中，中国航天人自强不息，顽强拼搏，团结协作，敢于创新，敢于胜利，成就了中国航天大国的地位。这种航天精神正是以爱国主义为核心的民族精神的当代诠释，是以改革创新为核心的时代精神的生动写照。以改革创新为核心的时代精神不仅推动着我国在航天领域取得一个又一个的突破，也推动着我国在其他领域取得一系列重大成就，如世界最大射电望远镜的建造，北斗卫星的发射，大推力"长征五号"火箭发射成功，大飞机自主研制成功，深潜技术的突破，高铁产业的走向世界等等。以改革创新为核心的时代精神作为中华民族伟大复兴的精神动力，推动着我国不断从科技大国向科技强国迈进。

教学建议：

本案例可在第三章第三节"改革创新是时代要求"教学中使用。

【案例 14】马云的 7 个颠覆性微创新

美国东部时间 2014 年 9 月 19 日上午 9 时 30 分，阿里巴巴集团将上市的钟敲响了，这标志着这家互联网公司正式登陆美国纽约证券交易所进行挂牌交易，这个美国史上最大规模的 IPO 将给中国制造最起码 30 名亿万富翁。

《华尔街日报》专栏作家安德鲁·布朗（Andrew Browne）有句点评：阿里巴巴将西方已有的商业模式本地化后建立了庞大的电商帝国，推翻了人们对于"中国不能创新"的迷思。这不同于发明。中国许多最具创新性的公司都不是来自灵感的闪现，而是在一系列渐进式的变化中发展起来。

这种渐进式创新，更准确地说，应该是颠覆性微创新。简单盘点下，马云创业15年有7次大的颠覆性微创新：

1. 1999年刚创业时：先做海外，再做国内

马云说："阿里巴巴从1999年开始走的战略是避开国内电子商务市场迅速进入国际市场，我们当时用的一句话叫作'避开甲A联赛直接进入世界杯'。"马云回顾其早期的创业策略，实际上就是"远攻近交"模式，或者说是"墙外开花墙内香"模式。先打开国际市场，再利用国际市场的影响力拉动国内市场。但是，马云这种打破常规的做法背后，也有深刻的考虑，那就是如何帮助中国企业做出口，拉更多的海外买家。

2. 阿里巴巴免费

马云是把免费战略用到极致的商人，淘宝与eBay易趣竞争的最重要策略就是免费。当时其他C2C网站的收费方式主要是三方面：第一，交易服务费，成交以后收取2%左右的服务费，不成交不收费。第二，登录费，在线上传的商品都涉及1～8元不等的登录费。第三，推荐位费（橱窗展示位）。而淘宝是全部免费，这对于在互联网上做买卖的生意人来说，吸引力巨大。

3. 淘宝跟eBay血战：农村包围城市

2003年7月马云推出个人电子商务网站——淘宝网，这一年，eBay易趣甚至采取了广告封杀策略，几大门户网站2004年都与易趣网签了独家的排他性协议。马云和淘宝网的高层想出了被他们称为"反围剿""农村包围城市"的推广策略，利用户外的路牌广告、平面、电台、电视、地

铁、公交等进行推广，特别是采取了个人网站联盟来进行推广，效果巨大。2004年过后，大网站纷纷开始接受淘宝网的广告投放，淘宝网甚至争取到了与MSN的独家合作，而在之前，MSN都是选择与eBay合作的。历经一年，易趣对淘宝网的封杀彻底失败。

4. 支付宝模式

2004年，马云创建支付宝模式。当时，这一模式谈不上创新，甚至被批评很愚蠢。实际上这就是"中介担保"：你买一个包，我不相信你，钱不敢汇过去，就把钱放在支付宝里面。收到包后，满意了就告诉中介把钱汇过去，不满意就通知中介把钱退回来。但是，它真刀实枪地解决问题。

5. 网商大会

2004年6月12日召开的首届网商大会，也是马云竞争战略的一个转折点，即如何打造与大公司的竞争模式，马云的策略是，开展基于生态链的竞争。"网商"这个新发明的词，就是马云对于生态链竞争通盘考虑的一个产物。

6. 阿里旺旺

国民招呼"亲"，就来源于卖家和买家的即时聊天软件旺旺。阿里旺旺是将原先的淘宝旺旺与阿里巴巴贸易通整合在一起的一个新品牌。它是淘宝和阿里巴巴为商人量身定做的免费网上商务沟通软件，可以帮助用户轻松找到客户，发布、管理商业信息，及时把握商机，随时洽谈做生意，简捷方便。

7. 天猫

2006年，淘宝推出了"淘宝商城"，即后来的天猫，发力B2C市场。"天猫"原名淘宝商城，是一个综合性购物网站。2012年1月11日上午，淘宝商城正式宣布更名为"天猫商城"。2012年3月29日天猫商城发布全新LOGO形象。

案例来源：新浪/马云的7个颠覆性微创新

http : //tech.sina.com.cn/zl/post/detail/i/2014-09-19/pid_8461506.htm

问题思考:

通过上述案例,谈谈如何做改革创新的实践者?

案例评析:

马云的 7 个颠覆性微创新说明了要进行改革创新首先就要敢于突破陈规陋习,大胆探索未知领域,在实践中有直面困难的勇气,有突破难关的精神,锐意进取,奋力前行。其次,马云在短短 15 年进行了 7 次微创新,也说明了改革创新要基于一定的使命感,即一种不甘落后、奋勇争先、追求进步的责任感和使命感。马云曾说:"我不相信有一流的人才,我只相信有一流的努力。"正是居于这样的创新理念,马云的阿里巴巴才能在竞争激烈的互联网行业中脱颖而出,成为全球第三大互联网公司。

教学建议:

此案例可在第三章第三节"做改革创新生力军"教学中使用。

【案例 15】这个时代需要仰望星空的年轻人

5 月 3 日,中国科学家向世界宣布:世界上第一台超越早期经典计算机的光量子计算机诞生了!这是中国科学院院士、中国科学技术大学教授潘建伟及其同事陆朝阳、朱晓波等,联合浙江大学王浩华教授研究组攻关突破的成果。与此同时,35 岁的陆朝阳收到了又一条消息——他荣获第 21 届中国青年五四奖章。

"很荣幸获得这份荣誉，这是对潘建伟团队工作的肯定，体现了国家对科技工作者的重视。"陆朝阳身上有着明显的中科大人的气质，他们低调、内敛、安静、执着，在谈起科研成果时，习惯"回避"个人的功劳，将"团队"的贡献放在首位。

在量子物理研究领域，这是一个举世瞩目的年轻团队。2016年，代表中国自然科学领域最高奖项的国家自然科学奖一等奖在万众瞩目中揭晓，中国科学技术大学潘建伟、彭承志、陈宇翱、陆朝阳、陈增兵为主要完成人的"多光子纠缠及干涉度量"团队获此殊荣。值得一提的是，该团队的成员均为"70后""80后"青年科学家。

2008年，陆朝阳走出国门，进入剑桥大学卡文迪许实验室转向固态量子光学的研究。在此期间，他首次实现了单电子自旋的非破坏性测量，为固态量子计算解决了基础性难题，该成果发表在《自然》杂志上。2011年年初，即将博士毕业的陆朝阳成为入选比例仅有1%的剑桥大学丘吉尔学院的研究员。

陆朝阳坦言，他与潘建伟老师有一个"君子之约"，学成后立马回归，报效国家。"潘老师之所以送我出来，是他对于团队建设的提前布局，让我们了解、学习国际最前沿的技术，把新的理论和方法带回国。"

陆朝阳的手机里至今保存着潘建伟发来的一条短信。2009年的一天，潘建伟在北京参观完"复兴之路"主题展后，给大洋彼岸的学生们分别发去了短信："希望你们努力学习，早日归来，为民族复兴作出贡献！"

对于自己的回归，陆朝阳始终觉得，没有什么好"煽情"的。他在与学弟学妹交流时常常表达这一观点："同样做一项科研，如果能在国内做，就算更艰苦些，为什么不回去做呢？那样更有成就感。"

在他看来，今天中国的科技发展水平，与钱学森、郭永怀等一批知识分子归来的那个百废待兴的时代，已经不可同日而语。自己置身的这个学术团队无论在学术水平，还是在实验条件上都处在世界领先水平。"潘老师团队已经形成人才回流效应，在这一领域，真正一流的学者都被吸引回来了。"

如今，位于中科大量子工程中心一楼大厅的显著位置，铭刻着著名物理学家、中科大近代物理系首任系主任赵忠尧生前的一段话："回想自己一生，经历过许多坎坷，唯一希望的就是祖国繁荣昌盛、科学发达，我们已经尽了自己的力量，但国家尚未摆脱贫困与落后，尚需当今与后世无私的有为青年再接再厉，继续努力。"

和许多青年科学家一样，陆朝阳每天路过此处，都会思绪万千。"做学问需要顶天立地，在基础理论研究中进行最前沿的探索，把成果转化为实际运用，服务经济社会的发展。"陆朝阳说，"这个时代需要仰望星空的年轻人，我们应当勇于担当，甘于坚守。"

案例来源：科普中国/陆朝阳：这个时代需要仰望星空的年轻人
http://www.xinhuanet.com/science/2017-11/27/c_136783148.htm

问题思考：

通过上述案例，谈谈如何做新时代改革创新的生力军？

案例评析：

通过上述案例，可以看出，当代大学生要成为改革创新的生力军，要树立改革创新的自觉意识，不断增强改革创新的责任感，树立敢于突破陈规的意识和探索未知领域的信心，既要"仰望星空"，勇于担当，又要脚踏实地，甘于坚守，坚定信念，不断努力地向远大理想迈进。"青年兴则国家兴，青年强则国家强"，作为新时代的大学生要想有所作为，就必须以时代的历史使命为己任，把握时代的脉搏，跟上发展潮流，迎接变革的挑战，做改革创新的生力军。

教学建议：

此案例可在第三章第三节"做改革创新生力军"教学中使用。

第四章　践行社会主义核心价值观

一、教材分析

（一）教学目的

本章的教学目的是通过本章讲解，使大学生了解社会主义核心价值观的基本内容及重要意义；坚定价值观自信，引导大学生做社会主义核心价值观的积极践行者。

（二）教学重点难点

【教学重点】

1. 社会主义核心价值观的基本内容及重要意义。
2. 价值观自信的基本内涵。

【教学难点】

1. 如何理解价值观自信？
2. 如何做社会主义核心价值观的积极践行者？

（三）基本知识结构

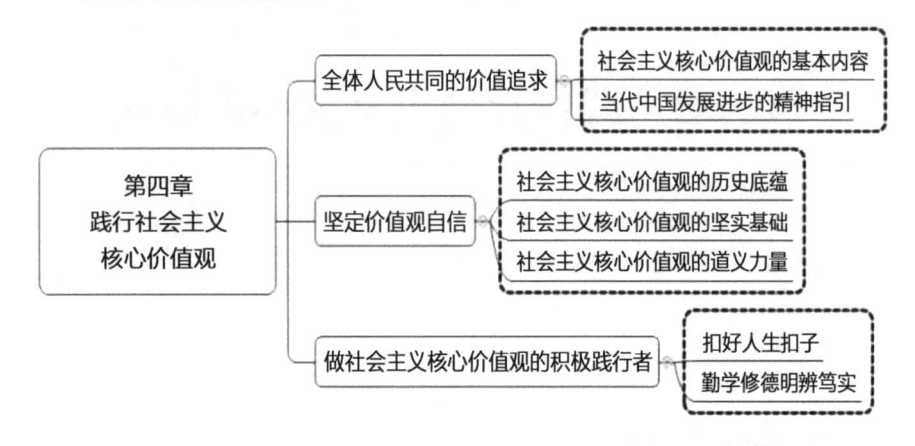

```
                        ┌─ 全体人民共同的价值追求 ──┬─ 社会主义核心价值观的基本内容
                        │                          └─ 当代中国发展进步的精神指引
   第四章               │                          ┌─ 社会主义核心价值观的历史底蕴
   践行社会主义 ────────┼─ 坚定价值观自信 ────────┼─ 社会主义核心价值观的坚实基础
   核心价值观           │                          └─ 社会主义核心价值观的道义力量
                        │                          ┌─ 扣好人生扣子
                        └─ 做社会主义核心价值观的积极践行者 ┴─ 勤学修德明辨笃实
```

二、典型案例

【案例1】脱贫攻坚创人类发展奇迹

记者从国务院新闻办今天举行的新闻发布会上获悉，改革开放40年来，我国7亿多农村贫困人口摆脱贫困，谱写了人类反贫困历史上的辉煌篇章。国务院扶贫办主任刘永富介绍，到今年年底，我国现行标准下农村贫困人口将减少85%以上，贫困村将退出80%左右，50%以上贫困县脱贫摘帽。到2020年，我国将实现农村贫困人口全部脱贫，贫困县全部摘帽，历史性地消除绝对贫困。

资料来源：新浪网 / 中国40年减贫7亿人
https://finance.sina.com.cn/roll/2018-12-14/doc-ihmutuec9051905.shtml

问题思考：
如何理解社会主义核心价值观之富强？上述材料给你的启示是什么？

案例评析：

《现代汉语词典》对富强的解释是：（国家）富足而强盛。国家富强，人民安乐，这是国人的追梦，也是中国共产党为之奋斗的目标。要实现富强，首要的是解决中国 7 亿人口的脱贫问题。

自 20 世纪 80 年代中期开始，针对区域发展不均衡问题，我国确立了以贫困地区为重点，有计划有针对性的扶贫开发政策。先后实施了"八七扶贫攻坚计划"和两个为期 10 年的"中国农村扶贫开发纲要"，农村贫困程度进一步减轻，贫困人口继续大幅减少。以现行农村贫困标准衡量，2012 年年末我国农村贫困人口 9899 万人，比 1985 年年末减少 5.6 亿多人，下降了 85.0%；农村贫困发生率下降到 10.2%，比 1985 年年末下降了 68.1 个百分点。党的十八大以来，我国实施精准扶贫精准脱贫政策，全面打响了脱贫攻坚战，扶贫工作取得了决定性进展。按现行农村贫困标准，2013—2018 年我国农村减贫人数分别为 1650 万人、1232 万人、1442 万人、1240 万人、1289 万人、1386 万人，每年减贫人数均保持在 1000 万以上。6 年来，农村已累计减贫 8239 万人，年均减贫 1373 万人，6 年累计减贫幅度达到 83.2%，农村贫困发生率也从 2012 年年末的 10.2% 下降到 2018 年年末的 1.7%，其中，10 个省份的农村贫困发生率已降至 1.0% 以下，中华民族千百年来的绝对贫困问题有望得到历史性解决。

外媒高度评价中国的减贫成果，称中国减贫在世界历史上树立了里程碑。据《参考消息》2017 年 9 月 22 日报道，美国石英财经网站 21 日刊登题为《中国的脱贫之路再也无法被一个国家大规模复制》的文章，解码中国"脱贫奇迹"。

《印度斯坦时报》报道称，中国脱贫攻坚取得的成绩，被认为是中国共产党和中国政府最主要的成就之一，中国的贫困发生率从 2012 年的 10.2% 下降到 3.1%。过去 5 年，中国每天有 3.7 万人脱离贫困线，5 年脱贫人口数量超过6850万,是中国"历史上规模最大的脱贫项目"。美国《行政情报评论》华盛顿分社社长威廉·琼斯表示,消除贫困,长期以来一直被视为人类最主要的任务,直到不久前,这还被视为一种"乌托邦式的梦想"。但随着中国的发展,这个梦想正在变成现实。

要富强,必须坚持走中国特色社会主义道路,这条路是被历史和实践证明和检验了的一条富强之路。党的十八大把"富强"作为培育和践行社会主义核心价值观国家层面的基本范畴,是历史的抉择,是社会的共识、人民的共识,谁也否定不了,谁也不能否定。我们要坚信中国特色社会主义道路能让国家走向富强、让社会得到发展、让人民走向幸福,我们毋庸置疑!每个中国人都应树牢这个"富强"价值观!

教学建议:

此案例可在第四章第一节"社会主义核心价值观的基本内容"教学中使用。

【案例2】"太行山上的新愚公"李保国

河北农业大学教授李保国35年如一日,扎根太行山,打造了"富岗""绿岭"等知名农产品品牌,带动10万多农民群众脱贫致富,被誉为"太行新愚公"。他的先进事迹经中央和省内媒体报道后,在社会上引起强烈反响。(2016年4月25日《河北日报》)

一个头发花白,衣着朴素的清瘦老者;一个知识丰富,一身技能的大学教授,30年扎根太行山,带领10万群众脱贫致富,鞠躬尽瘁,呕心沥血,让大山怀念,令民众动容。

开山植绿。曾经太行上，荒山秃岭，水灾旱灾频繁，"有雨遍地流，无雨渴死牛"。现在的山上，植被繁茂，苹果、核桃、山楂等结满枝头。李保国用科技之手唤醒了沉睡多年的深山，点亮了一连串闪光的名字。喜看大山新变化，山区群众尽开颜。

以民为伴。脸庞黝黑、笑容憨厚，一身尘土、两脚泥巴，见过李保国的人都说，他和农民没啥两样。为了帮助群众脱贫致富，他长年累月和农民摸爬滚打在一起，手把手教他们操作，从来没有嫌麻烦。"井陉核桃""曲阳核桃""栾城杨核桃""平山西北焦核桃""平山苹果"……在李保国的手机通讯录里，有着三四百个奇怪的名字。无论何时何地，熟悉的还是不熟悉的农民打来电话，他都会耐心地接听解答。在李保国的人生词典中，没有"辛苦"二字，认的是一个"干"字，用的是一种实力，表的是一份真情，不怕辛苦、不求回报。"我是农民的儿子，见不得穷"，是他为民服务的铮铮誓言。

精准帮扶。"老百姓需要什么，我就研究什么"，是李保国常说的一句话。为了摸清山区的"脾气秉性"，他多年潜心研究实践，开创了太行山区绿色生态发展新模式，走出了一条可复制可推广的山区农业产业化发展新路子，把太行山区带整合成了既有生态效益，又有经济效益的"金腰带"。他所说的话，发自肺腑，所做的事，意义深远。一名党员干部的责任和担当，在他身上得以生动体现。

向他致敬。"走过巍巍太行山，你可曾看到苹果满山，核桃满坡；走过巍巍太行山，你可曾记得匆匆背影，双鬓斑白……"这是一首永远唱不完的歌。

案例来源：中国文明网 / 巍巍太行，抒写"农民教授"赤诚情怀

http://images1.wenming.cn/web_hb/zt/lbg/pl/201605/t20160520_3373152.shtml

问题思考：

从本案例中，思考讨论当代青年如何落实以国家富强为己任？

案例评析：

李保国同志35年如一日，坚持全心全意为人民服务的宗旨，长期奋战在扶贫攻坚和科技创新第一线，把毕生精力投入到山区生态建设和科技富民事业之中，用自己的模范行动彰显了共产党员的优秀品格，事迹感人至深。习近平总书记称他为"新时期共产党人的楷模，知识分子的优秀代表，太行山上的新愚公"，并号召广大党员、干部和教育、科技工作者学习他心系群众、扎实苦干、奋发作为、无私奉献的高尚精神，自觉为人民服务、为人民造福，努力做出无愧于时代的业绩。

新时代新篇章，新生活新征程。"人民对美好生活的向往就是我们的奋斗目标"。正是有无数李保国一样的党员、干部切实履行为人民服务的天职，千方百计为群众办实事、谋福利，才使我国精准脱贫目标一步步变为现实。是他们将人民生活变得更加美好，是他们将社会变得更加和谐，是他们将乡村建设得更加美丽。当前，我国正处于改革发展的关键时期，决胜"十三五"，全面建成小康社会，实现"两个一百年"奋斗目标，需要当代青年奋发图强、为祖国富强不懈努力。

教学建议：

此案例可在第四章第一节"社会主义核心价值观的基本内容——富强"教学中使用。

【案例3】纠正冤假错案，让正义不缺席

2018年3月9日下午3时，十三届全国人大一次会议在人民大会堂举行第二次全体会议，听取最高人民法院院长周强关于最高人民法院工作的报告。报告指出：坚决纠正和防范冤假错案。坚持实事求是、有错必纠，加强审判监督，以对法律负责、对人民负责、对历史负责的态度，对错案发现一起、纠正一起，再审改判刑事案件6747件，其中依法纠正呼格吉勒图案、聂树斌案等重大冤错案件39件78人，并依法予以国家赔偿，让正义最终得以实现，以纠正错案，推动法治进步。深刻吸取教训，出台防范刑事冤假错案指导意见，落实罪刑法定、证据裁判、疑罪从无等原则，对2943名公诉案件被告人和1931名自诉案件被告人依法宣告无罪，确保无罪的人不受刑事追究、有罪的人受到公正惩罚。

呼格吉勒图案

1996年4月9日，内蒙古呼和浩特市卷烟厂发生一起强奸杀人案，警方认定18岁的呼格吉勒图是凶手，仅61天后，法院判决呼格吉勒图死刑，并于5天后执行。2014年11月20日，呼格吉勒图案进入再审程序，再审不进行公开审理。12月15日，内蒙古自治区高级人民法院对再审判决宣告原审被告人呼格吉勒图无罪，之后启动追责程序和国家赔偿。

聂树斌案

聂树斌，男，1974年11月6日出生，汉族，河北省石家庄市鹿泉县申后乡下聂庄村人，原鹿泉县冶金机械厂工人。1994年8月5日，河北省石家庄市西郊孔寨村附近发生了一起强奸杀人案。当年9月23日，年仅20岁、略微口吃的嫌疑人聂树斌被擒获。次年4月27日，聂树斌被执行枪决。2005年1月18日，一位名叫王书金的男子的出现，让已经沉寂近十年的孔寨村强奸杀人案发生了戏剧性的转折——王书金交代，连同该案在内的4起奸杀案系

自己所为。2016年12月2日，最高人民法院第二巡回法庭对原审被告人聂树斌故意杀人、强奸妇女再审案公开宣判，宣告撤销原审判决，改判聂树斌无罪。从焊工到杀人凶手，从被捕到枪决，从生到死，聂树斌只经历了217天；然而，追寻真相与正义的脚步，却走了整整20年还未能停歇……

案例来源：百度百科/呼格吉勒图

https：//baike.baidu.com/item/呼格吉勒图案/9877190?fr=aladdin

百度百科/聂树斌案

https：//baike.baidu.com/item/聂树斌案/6748882?fr=aladdin

问题思考：

如何理解社会主义核心价值观之公正、法治？依法治国，如何筑牢公平正义的"最后防线"？

案例评析：

"公正"，即社会公平正义，就是坚持公民在法律面前一律平等，尊重和保障人权，依法保证公民权利和自由，保证全体社会成员平等参与、平等发展，保证权利在阳光下运行，社会各方面利益关系得到妥善协调，人民内部矛盾和其他社会矛盾得到正确处理，让发展成果更多更公平惠及全体人民。公平正义是社会主义制度优越性的集中体现。

"法治"，是治国理政的基本方式，依法治国是社会主义民主的基本要求。通过法治建设来维护和保障公民的根本利益，是实现自由平等、公平正义的制度保证。法治比人治更为稳定，不会朝令夕改，不会因领导人看法和注意力的改变而改变；法治比人治更为规范，不会宽严失度，而是强调权利要由法律来赋予和认可；法治比人治更为公正，不会趋炎附势、差别对待，而是给予每个公民平等的人格尊严和自由。

冤假错案的防范是一世界难题，即使最先将DNA检测技术运用到侦查阶段的美国，也无法完全避免错案的发生。犯错后勇敢认错是第一步，通过及时纠错还当事人一个公道是关键一步，实现社会普遍的公平正义是最后一步。由此，纠正冤假错案的态度和力度成为衡量一个国家法治水平和人权保障的重要标尺。

司法是全面推进依法治国的重要保障。党的十八大以来，以习近平同志为核心的党中央切实践行以人民为中心的执政理念，对纠正冤假错案给予了特殊关注。习近平总书记指出：不要说有了冤假错案，纠错会给我们带来什么伤害和冲击，而要看到我们已经给人家带来了什么样的伤害和影响，对执法公信力带来什么样的伤害和影响。我们做纠错的工作，就是亡羊补牢的工作。亡羊补牢，为时未晚。司法机关紧紧抓住时代契机，实事求是，勇于担当，对错判不回避、不袒护，发现一起、查实一起、纠正一起，相继平反了一批冤假错案，这体现出我国司法机关直面错误的勇气。更令人欣喜地是，冤案防范机制已然在我国司法制度中落地生根，并已经嵌入到司法工作的常态运行中。一系列冤错案的纠正与防范机制的建立，让广大人民群众对公平正义充满期许，也提振了全社会对司法公正的信心。

党的十八大将法治确立为社会主义核心价值观社会层面的基本内容，是坚持党的领导、人民当家作主和依法治国的统一，是坚持法律面前人人平等，让遵法守法成为一种良好的社会风气和自觉的行为习惯，让人民群众在法治社会中享受到自由、平等和公正。这是国家治理转型的价值追求，是现代国家实现善治的必然要求，具有深刻的历史必然性。

教学建议：

本案例可在第四章第一节"社会主义核心价值观的基本内容"教学中使用。

【案例4】国庆节，来看他们爱国奉献的故事

有一群人，他们默默坚守在自己的岗位上，以一腔赤诚，敢为人先，以祖国富强、民族振兴、人民幸福为己任，不负韶华，持续奋斗……他们展示着爱国奉献者最美的样子，是我们前行的灯塔。国庆节，让我们一起回顾他们的故事。

王继才：岛就是家　岛就是国

守岛卫国32年，用无怨无悔的坚守和付出，在平凡的岗位上书写了不平凡的人生华章。

李保国：大山教授　太行楷模

35年如一日，长期奋战在扶贫攻坚和科技创新第一线，把毕生精力投入到山区生态建设和科技富民事业之中。

黄大年：心有大我　至诚报国

秉持科技报国理想，把为祖国富强、民族振兴、人民幸福贡献力量作为毕生追求，为我国教育科研事业作出了突出贡献。

廖俊波：扎实工作　廉洁奉公

牢记党的嘱托，尽心尽责，带领当地干部群众扑下身子、苦干实干，以实际行动体现了对党忠诚、心系群众、忘我工作、无私奉献的优秀品质。

邹碧华：敢啃硬骨头，甘当燃灯者

崇法尚德，践行党的宗旨，捍卫公平正义，在司法改革中，敢啃硬骨头，甘当"燃灯者"。

兰辉：践行群众路线的好干部

始终把党和人民的事业放在心中最高位置，是用生命践行党的群众路线的好干部，是新时期共产党人的楷模。

罗阳：用生命托举中国战机完美升空

秉持航空报国的志向，为我国航空事业发展作出了突出贡献。

南仁东：中国天眼之父

用无私奉献的精神谱写了精彩的科学人生，鲜明体现了胸怀祖国、服务人民的爱国情怀。

塞罕坝建设者：艰苦奋斗　甘于奉献

三代人，55年，在"黄沙遮天日，飞鸟无栖树"的荒漠沙地上艰苦奋斗、甘于奉献，创造了荒原变林海的人间奇迹。

案例来源：人民网/沙画/国庆节，来看他们爱国奉献的故事

http：//society.people.com.cn/n1/2018/1001/c1008-30324438.html

问题思考：

根据案例思考，如何把爱国由情感转化为行动？

案例评析：

现在，我们生活在和平年代，远离了山河破碎与社会动荡。时代的和平与生活的富足，是否减少了爱国的必要？爱国是不是已成为一个抽象和"高大上"的概念，离我们越来越远？作为一个普通人，又该如何表达和实践对祖国的爱呢？其实，爱国并不抽象，也并不遥远。它不仅体现在国家安危、民族存亡时刻的奋不顾身，也体现在我们日常生活中的一点一滴、一言一行。我们普通人的爱国情怀也许无法用轰轰烈烈的方式来表达，却可以从身边的小事做起。

教学建议：

本案例可在第四章第一节"社会主义核心价值观基本内容"教学中使用。

【案例5】记以国为重的大国工匠徐立平

几十斤重的密封堵盖一打开，刺鼻的气味立马涌出来，这是火炸药的味道。火炸药异常敏感，一丁点磕碰，甚至衣服磨擦出静电，都可能瞬间引爆，几千摄氏度高温中蘑菇云腾起，人就"灰飞烟灭"了。

这是国家一级危险岗位的"日常"，身为中国航天科技集团公司第四研究院7416厂航天发动机固体燃料药面整形组组长，徐立平的工作就是带领同事，给固体燃料发动机的推进剂药面"动刀"整形，以满足火箭及导弹飞行的各种复杂需要。

30年来，在这个全世界都无法完全用机械代替手工操作的岗位上，徐立平忍耐着常人难以想象的危险与寂寞，以精湛技艺和过人胆识"雕刻"火药，将一件件大国利器送入云霄，从航天"蓝领"一步步成长为以国为重的大国工匠。

徐立平的手艺也不是生来就有。他进厂的第一课，师傅就带他见识了点火试验。"巨大的轰鸣声，窜出的火苗，腾起的蘑菇云"成为他一生难忘的记忆，也使他下决心规避危险，胆大心细，勤学苦练。练秃了30多把刀，他的手越来越有感觉，一摸，就知道如何雕刻出符合要求的药面，特准。0.5毫米，是固体发动机药面精度允许的最大误差，而徐立平整形的精度，不超过0.2毫米，2张A4纸的厚度，"一把刀"堪称完美。

位于西安市东郊的航天科技四院的发动机整形厂房四周空空荡荡。每天他们面对的就是大大小小的固体发动机。偌大的厂房里，每次作业最多只有两个人在现场。一干就是一整天。只要上班，危险就无时不在。一位工友在给一台直径仅碗口大小的发动机做药面整形时，因刀具不慎碰到金属壳体，瞬间引起发动机剧烈燃烧，工友当场牺牲，这成为徐立平多年不愿提起的痛。

刀惹的祸还得从刀上想办法。徐立平和同事们琢磨着要改进出更好用、更安全的刀具。他们一块去西安都城隍庙，从木匠的刀具上寻找灵感；在厂房一遍遍试验，摸索设计参数；回到家像"着魔"一样，在纸上涂涂画画，不懂的就问厂里的老师傅。一天晚上，徐立平看到儿子用削皮机削苹果，他突然有了灵感。第二天一上班，就带领大家设计、加工，反复调整刀片角度。经过不断修改完善，一套半自动整形专用刀具诞生了，切削，称量，废药处理一气呵成。就这样，经过不断摸索和实践，徐立平根据不同类型的发动机、整形的不同阶段和不同部位，设计、制作和改进了几十种刀具，其中9种申请了国家专利。

那台半自动整形专用刀具，被命名为"立平刀"。

徐立平的家庭是一个航天之家，全家11口人除了3个上学的孩子外，都是航天人。

"三秦楷模""大国工匠""感动中国""中华技能大奖"……当荣誉纷至沓来，默默无闻的一线工人，一夜间被推到"聚光灯"下，意外多于激动，压力大于兴奋。

"航天系统里，像我这样的人很多，我还是更适合默默无闻。"徐立平最想做的，还是和同事们一起钻研机械化药面整形技术，"我希望有一天，我这个工作能被机器完全替代。"

当威严的国之重器方阵出现在电视机阅兵画面中，当神舟飞船承载着航天强国梦遨游太空，当长征火箭托举起中华民族伟大复兴的中国梦，孩子们激动地欢呼起来：快看，这是爸爸他们造的！而一旁的徐立平，泪水却在眼眶打转，母亲看到了，妻子也看到了……但没人问他为什么，这泪水不仅仅是激动，更饱含一个个航天人太多的责任与付出，唯有他们懂得。

案例来源：新华网/"雕刻"火药30年 航天工匠"一把刀"——记以国为重的大国工匠徐立平

http://www.xinhuanet.com/2017-03/27/c_1120704996.htm

问题思考:

我们做的工作未必是最初的心头所爱,我们又当如何处之?

案例评析:

中华民族历来有"敬业乐群""忠于职守"的传统,敬业是中国人民的传统美德。早在春秋时期,孔子就主张人在一生中始终要勤奋、刻苦,为事业尽心尽力。他说过"执事敬""事思敬""修己以敬"等话。北宋程颐更进一步说:"所谓敬者,主之一谓敬;所谓一者,无适(心不外向)之谓一。"

敬业精神是一种基于热爱基础上的对工作对事业全身心忘我投入的精神境界,其本质就是奉献的精神。具体地说,敬业精神就是在职业活动领域,树立主人翁责任感、事业心,追求崇高的职业理想;培养认真踏实、恪尽职守、精益求精的工作态度;力求干一行爱一行专一行,努力成为本行业的行家里手;摆脱单纯追求个人和小集团利益的狭隘眼界,具有积极向上的劳动态度和艰苦奋斗精神;保持高昂的工作热情和务实苦干精神,把对社会的奉献和付出看作无上光荣;自觉抵制腐朽思想的侵蚀,以正确的人生观和价值观指导和调控职业行为。

教学建议:

本案例可在第四章第一节"社会主义核心价值观基本内容"教学中使用。

【案例6】500万彩票背后的故事

2011年4月17日,是中国福利彩票开奖的日子。下午到开奖前的一段时间,是投注站最繁忙的时间,相当一部分彩民都是在这一时段将选好的号码进行投注。黄昏时,位于清镇市东门广场福彩52010291号投注站的销售员袁宗义接到一个姓蒋的彩民的电话,请袁宗义给她代买两注福彩。蓝号为4、6复式,票面金额4元。袁宗义将彩票打好后,随手在票面背后写上"小蒋"两字,就将这张彩票夹到一个笔记本的一页里。那一页,是小蒋在他这里购买彩票的赊欠款500多元的记录。那个本子上还记录了许多经常在她这里请她代买彩票的彩民的欠账记录,里面还夹着其他人的彩票。随后,她用电话通知了小蒋,继续开始了紧张的工作,直到很晚才关门回家。

2011年4月18日上午,袁宗义还没有出门,就接到了贵阳市福彩中心工作人员的电话,说她的投注站中了一注一等奖和一注二等奖,奖金总额514万多元!

挂断电话,袁宗义急忙来到投注站,打开机子查对。果然自己的投注站中了一注一等奖和一注二等奖。她的心情非常激动。一是为中奖的彩民高兴,二是为自己的投注站高兴。因为这样的大奖在清镇这么多年还没有出过几次。彩民们知道这个投注站中了大奖后,这里的彩票生意肯定比以前好。这时她又接到贵阳市福彩中心工作人员的电话,要她回忆一下,昨天是谁买的这张彩票。因为这两注大奖出在同一张彩票,票面金额为4元,蓝号为4、6复式。

在袁宗义的印象中,昨天购买彩票的人,只有两人是4元的票面,其中一张为单式投注,一张复式投注,复式投注的彩票至今还在自己的笔记本里夹着。难道是这张?袁宗义打起了小鼓。要知道那可是500多万元呐,就这么静悄悄地在投注站躺了一夜呐！有些紧张的她，打开了记录代买彩票的笔记本，取出那张彩票一看，号码和中奖号赫然一致！

这时，有些听到消息的彩民已经来到投注站，都想看看是谁中了这令人羡慕的500多万。袁宗义什么也没有想，毫不犹豫地拿起手机就给小蒋打了过去，直接告诉了她这个千载难逢的大好消息。"你，中奖啦"，电话那头的小蒋似乎还在睡觉，听到这个消息还以为是袁宗义在跟她开玩笑，直到袁宗义反复告诉她这是千真万确的，叫她赶快来拿彩票，电话那头的小蒋才相信，说话的声音也开始颤抖起来。这时围观的彩民有的说，她自己都不知道，不但没有付钱，反而还差着500多元的彩票款，这彩票根本就不能算她的。袁宗义平静地说：各人有各人的福气，该是哪个的就是哪个的。做人应该讲诚信才行。

500万元，可以让一家五口不必蜗居在70平方米的小房子里，可以让母亲的骨灰早日入土为安，更可以让一家子的生活有一个质的提高。然而，当500余万元"掉"到眼前时，袁宗义却平静地说："该是别人的就是别人的，不是自己的，再多的钱我也不会拿。"

袁宗义，她并非什么大人物，只是清镇市东门广场一家彩票投注站的普通销售员。然而，她身上闪耀的诚信光辉，却让人由衷地敬佩。和许许多多的老百姓一样，袁宗义也有着生活的负担，有着对富裕的渴望。她的可贵之处，在于她始终坚守着一份朴素的价值——做人要讲诚信。

归还500万元彩票后，也许袁宗义的生活并不会有太大变化。获得"诚信销售员"的称号后，她依然继续着普通的彩票销售工作，为生计奔波，为幸福努力。然而，这位追求"过得安心"的彩票销售员，却在不经意间为贵阳创建全国文明城市、为整个诚信社会建设创造了不菲的价值。

案例来源：中国文明网/500万元面前的道德坚守

http：//www.wenming.cn/sbhr_pd/hrhs/201108/t20110830_302246.shtml

问题思考：

从上述案例中，你对义利冲突时恪守诚信怎么看？

案例评析：

孔子云："自古皆有死，民无信不立。"诚信是个人的立身之本，也是处理人际关系的德行。诚信，作为一种道德要求，意思是诚恳老实、有信无欺，是一切道德的基础和根本，是人之为人的最重要品德，是社会赖以生存和发展的基石。只有讲诚信，才能建立起正常的政法秩序，维护安定团结的政治局面；只有讲诚信，才能建立正常的经济秩序；也只有讲诚信，才能建立正常的生活秩序。真的诚信应该没有条件。

教学建议：

本案例适用于第四章第一节"社会主义核心价值观——诚信"相关知识点的教学。

【案例7】"追求生命宽度"的党员许帅

37岁的河南安阳市救助站站长许帅，为救助流浪乞讨者鞠躬尽瘁。患重病后，他以坚强、乐观的心态边化疗边工作，他的信念和毅力感染着身边每一个人，激发起他时不我待的工作热情。面对病魔，他毅然放弃北京优越的医疗条件，坚持回安阳，边化疗边工作。"为了让他留在北京，我整整劝了一上午，我们爷儿俩为此吵得很凶。最后帅帅说，'爸爸，我知道你爱我，但是我看着救助站一步一步成长就像我的孩子一样，我也很爱它，我放不下'。"父亲许宏刚哽咽地说。

回到安阳，许帅只能通过化疗抑制病情。化疗的副作用会使头发脱落，于是他就在化疗前去理发店理成了光头，还在微信朋友圈晒出自己的光头自拍照，写着"第一天光头上班，心情好，蒸蒸日上"，还加了一个笑脸。"剃了光头，身上挂着导流袋，有时连坐也坐不下，只能站着。"回忆起一年多来带病坚持工作的许帅，同事杨瑞红眼眶马上就红了，"由于腹腔大量积液，最严重时，每天要排出10余斤液体，忍受常人难以忍受的痛苦"。

2015年7月，许帅病情出现反复，手脚崩裂、溃烂。即便如此，8月12日天津港爆炸事故发生后，得知许多在天津港的务工人员需要返乡或临时安置，他主动与天津方面联系，安排对接工作。

"许帅是一个不听话的病人，在他住院期间，经常一治疗完就不见人影，我后来才知道，他是去上班了。"安阳市肿瘤医院肿瘤内科主任王俊生说，"但也正是他的这股乐观和坚强，让他打破了身体的极限。本来只有3到6个月的寿命，他最终延续到了一年零十个月，可以称得上奇迹了。"

罹患重病后，身边的人都劝他放弃工作。许帅却说："死亡并不是一件很可怕的事情，人不能延长生命的长度，但可以拓展生命的宽度。"

"这是我能救助别人的最后一站了。"2015年7月，病情反复后，许帅向有关机构申请了遗体和器官捐献，将自己的所有奉献给了社会。2016年6月28日晚，许帅从昏迷中醒来，挂在他嘴边的只有两个心愿：一是要为智障人员安置区安装一个避雨阳光棚，让他们下雨天也能有个活动场所；二是"如果有什么不幸，请把我的骨灰埋在救助站的大树下，我要和救助站在一起，看着他长大"。

许帅患病住院后，一些不断来探望的安阳市民还揭开了这名基层民政干部的另一面。由于"反扒"的特殊性，安阳市"反扒联盟"成员身份被严格保密，直到许帅住院，"反扒联盟"的管理员老贾来看他，大家才知道他的这一身份。

许帅的心脏在 2016 年 9 月 1 日凌晨停止了跳动。当天上午，他的眼角膜成功捐献，9 月 2 日移植给了一名 17 岁男孩。9 月 5 日，另一个眼角膜移植给了一名 39 岁的女性。他的遗体由郑州红十字会委托的郑州大学附属医院接收，之后会用于医学研究、日常教学和临床等。

案例来源：中国文明网 / "追求生命宽度"的党员许帅

http：//www.wenming.cn/xj_pd/xjdx/201610/t20161025_3839957.shtml

问题思考：
每个人如何在自己的位置上，创建友善的生活？

案例评析：

许帅在工作中兢兢业业、勇于创新，面对疾病保持坚强的毅力、乐观的心态边治疗边工作。逝世后，他将遗体和眼角膜捐献，为两名眼疾患者送去光明，为医学研究贡献最后一份力。将自己的一切都奉献给了社会，是新时代青年的楷模。

许帅能够把青春毫无保留地奉献在岗位上，源于他内心的大爱、共产党员坚定的理想信念以及对事业极强烈的责任心。我们应该学习他爱岗敬业、敢于创新的精神，学习他立足岗位、追求卓越的态度，学习他一心为民、以奉献为乐的情怀。在平凡的岗位上奉献自己的光和热。

友善的社会，需要每个人在每件事用行动表达对这个世界和他人的友善。

教学建议：

本案例适用于第四章第一节"社会主义核心价值观——友善"相关知识点的教学。

【案例8】用核心价值观重塑精神向往

"这人倒了咱不扶,那人心不就倒了吗?人心要是倒了,咱想扶都扶不起来了……"2014年,春晚小品《扶不扶》再一次引发人们对公众道德和社会价值的判断与思考。当无数的青年在纸醉金迷、愤世嫉俗和安于现状中恍然度过,当信任感缺失,人与人之间变得遥远而陌生,当贫富差距引发越来越多的各类矛盾,当党群干群关系面临更多冲击和考验……有人说,这是一个充斥着利益的时代,这是一个信仰缺失的时代,当个人缺乏了奋斗的理想和目标,时代感召力和民族凝聚力就会变得脆弱而贫瘠,完成"两个一百年"奋斗目标,建设富强、民主、文明、和谐社会主义国家的理想就会遇到"软实力"的挑战。用"中国梦"凝聚正能量,用社会主义核心价值观唤起民众的道德认同、价值共识和意识觉醒,重塑民众的精神向往和道德风尚,构建起具有强大生命力、凝聚力和感召力的核心价值观显得意义重大。

案例来源:前线/用核心价值观重塑精神向往

http://www.bjqx.org.cn/qxweb/n128832c763.aspx

问题思考:

为什么社会主义核心价值观能够唤起民众的道德认同、价值共识和意识觉醒?

案例评析:

"三个倡导"为主要内容的社会主义核心价值观是对马克思主义价值和道德理论的丰富和发展。马克思主义既是科学的世界观和方法论,又是科学的人生观、价值观和道德观,它不仅是帮助我们认识和改造客观世界的思想武器，而且是指导我们改造主观世界、完善人生旅程的理论指南。无论是在马克思主义创始人的鸿篇巨作中，还是在马克思主义中国化理论成果中，都蕴含着丰富的马克思主义价值观、道德观理论。

"三个倡导"为主要内容的社会主义核心价值观为我们更加有效地应对西方错误价值观的冲击提供了强大理论武器。过去许多人常常把自由、民主、平等这些概念当作资本主义的"专利品"来看待，认为它们是资本主义的价值观，其实这是一种完全错误的认识。一些西方国家也正是利用了这一点来攻击社会主义意识形态，攻击社会主义先进文化。我们在这方面的教训是非常深刻的。社会主义制度是迄今为止人类社会最先进的社会制度，它脱胎于资本主义但又与资本主义有着本质区别，社会主义先进文化是在继承和发展人类一切文明精华的基础上发展起来的。从本质意义上来讲，只有社会主义民主、自由和平等才是真正科学意义上的民主、自由和平等，而资本主义制度下的所谓民主、自由、平等是虚伪的、靠不住的。党的十八大提出的以"三个倡导"为主要内容的社会主义核心价值观，为我们更加有效地应对西方错误价值观的冲击提供了强大思想武器。

"三个倡导"为主要内容的社会主义核心价值观的提出对进一步促进国家主流价值观的形成、凝聚全国人民的思想共识将产生十分巨大的作用。当前，我国已进入全面建成小康社会的决定性阶段，由于近年来我国经济体制深刻变革，社会结构深刻变动，利益格局深刻调整，生活方式深刻变化，这给人们的价值观念和思想活动带来了巨大的冲击，人们在思想认识上的多样性、多变性日益增强，各种价值观念和社会思潮多彩纷呈。在这种思想多样、价值多元的条件下，只有大力提倡社会主义核心价值观，以此凝聚全国人民的共同价值追求，才能真正在全社会形成巨大的价值共识和思想共鸣，才能保证中国特色社会主义发展的正确方向。

教学建议：

本案例适用于第四章第二节"坚定价值观自信"相关知识点的教学中。

【案例9】传统节日要回归传统

龙舟赛你也许看过，但机器人龙舟赛你看过吗？端午节到来之际，在深圳举行的一个机器人文化节上，一场别开生面的机器人龙舟赛吸引了不少观众，特别是那些第一次过端午节、第一次接触中国传统节日的孩子们。传统的龙舟与现代的机器人相结合，连同欢乐、热闹的氛围一起，深深刻入每一个参与孩子的脑海中，形成了关于中国传统节日的原初记忆。

和赛龙舟一样，包粽子、扎香囊、插艾叶、饮雄黄、立蛋等习俗，也都是传统端午节必不可少的内容。而屈原投江、越王竞渡、曹妃寻父等故事和传说，更进一步丰富了端午节的文化内涵。可以说，任何一个传统节日，都不简单是一种形式或仪式。在上百年甚至上千年的历史流变与扬弃中，传统节日凝结了传统文化的精华，展现了一个民族的精神气质。更重要的是，节日中的习俗、传说，塑造着一个民族共同的历史记忆，起到了凝心聚力、赓续传统的纽带作用。当龙舟与机器人深度融合，唤起年轻一代对传统节日的关注和兴趣，不能不说是一件幸事。

然而更多时候，中国的传统节日却在"遇冷""碰壁"。日前有媒体调查发现，眼下市场上的大部分端午节香囊普遍存在做工粗糙、设计陈旧等问题，甚至大部分香囊中包裹的已不再是精心挑选的香料，而是简单塞点棉花。昔日具有深刻文化意涵的香囊，如今徒有其表，令人惋惜。"买香囊的基本上是老年人，对新款式和做工没啥要求，便宜就行，这东西越精细就越贵，反而没人买。"一个商家道出了香囊"不香"的秘密，也从一个侧面说明了像端午节这样的传统节日，越来越无法吸引年轻的粉丝，甚至有从这个时代"掉队"的危险。

案例来源：人民网/人民网评，传统节日要回归传统

http://opinion.people.com.cn/n1/2017/0529/c1003-29306223.html

问题思考：

为什么要弘扬中国传统节日？

案例评析：

为什么具有深刻文化内涵、意义重大的传统节日，却常常沦为"纯粹的假期"？一个重要原因在于，现代社会中存在的消费主义正逐渐侵蚀传统节日的文化意义，甚至挤压传统节日的生存空间。节日意味着闲暇，闲暇就能带来消费，因此节日本身的文化内涵就不再重要，只要能形成消费点，就会受到商家热捧。带来的后果要么是偏离节日本身的文化内涵，要么是抛弃那些不具备制造消费热点的节日。只有这样才能理解，为什么"5·20""女神节""双十一购物节"这些新兴节日的人气会超过传统节日。

当然，并不是要否定这些新兴节日，而是要深入思考：如何才能让传统节日搭上时代列车，在现代社会重新绽放光芒，并彰显传统文化的价值与美丽？一方面，在年轻人，特别是儿童当中丰富传统节日的参与体验尤为重要，只有从小将传统节日的场景感、仪式感烙在心上，才能影响成年后的价值偏好；另一方面，传统节日也不能故步自封，而需要在保留核心价值的同时在形式上主动"流行一把""创新一下"，充分运用互联网、人工智能等先进技术手段，借社交媒体等传播工具，为传统节日插上与时俱进的翅膀。

时光易逝，传统不老。纵观世界上任何一个文明，都不可能在丢弃了自身的传统文化和习俗后还能保持旺盛的生命力。传统节日以及节日背后的

文化内涵、习俗习惯，就是支撑文明大厦的柱石与地基，其中蕴含的传统、内涵和价值更应为人所真正认知并深深铭记。我们不能抱怨这个时代对传统造成的冲击，但却可以顺势而为，给传统文化一个现代化的栖身之所。

在历史长河中，一个个民族节日以富有生命意蕴的节庆活动久久流传。涵养文化自信，就必须让传统节日更具时代价值。今天，培育和弘扬社会主义核心价值观，必须从中华优秀传统文化中吸取丰富营养，恢复中国传统节日既有助于激活历史传统、唤起文化记忆，也能够涵养一个民族共同的文化自信，增强中华民族的凝聚力和自豪感。

教学建议：

本案例适用于第四章第二节"坚定价值观自信"相关知识点的教学中。

第五章　明大德守公德严私德

一、教材分析

（一）教学目的

本章的教学目的是通过本章讲解，使大学生认识道德的本质、功能和作用，了解道德的历史发展；引导大学生在吸收借鉴中华传统美德、中国革命道德、人类文明优秀道德成果的基础上，深刻理解社会主义道德的核心和原则，遵守社会生活三大领域的道德规范，积极参与社会实践，自觉加强道德修养，锤炼高尚个人品德。特别是要学会应用马克思主义道德理论辨析、判断、评价道德现象，正确选择道德行为，对所学内容能够内化于心，外化于行，做社会主义道德的践行者和道德风尚的引领者。

（二）教学重点难点

【教学重点】

1. 道德的起源、本质、功能和作用。

2. 吸收借鉴优秀道德成果。

3. 社会主义道德建设的核心和原则。

4. 遵守社会生活三大领域的道德规范。

【教学难点】

1. 道德的起源、本质、功能和作用。

2. 社会主义道德建设的核心和原则。

（三）基本知识结构

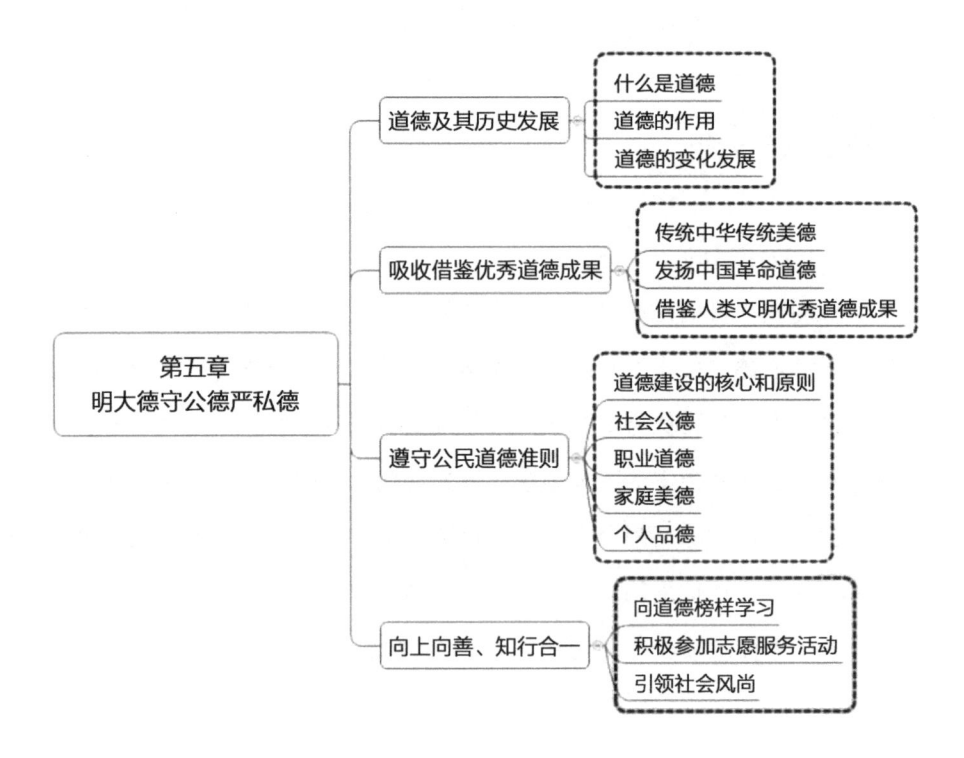

```
第五章                ┌─ 道德及其历史发展 ──┬─ 什么是道德
明大德守公德严私德              │                    ├─ 道德的作用
                               │                    └─ 道德的变化发展
                               │
                               ├─ 吸收借鉴优秀道德成果 ┬─ 传统中华传统美德
                               │                      ├─ 发扬中国革命道德
                               │                      └─ 借鉴人类文明优秀道德成果
                               │
                               ├─ 遵守公民道德准则 ──┬─ 道德建设的核心和原则
                               │                    ├─ 社会公德
                               │                    ├─ 职业道德
                               │                    ├─ 家庭美德
                               │                    └─ 个人品德
                               │
                               └─ 向上向善、知行合一 ┬─ 向道德榜样学习
                                                    ├─ 积极参加志愿服务活动
                                                    └─ 引领社会风尚
```

二、典型案例

【案例1】教授的第一课

有一位医生到母校去进修，上课的正是一位原先教过他的教授。教授没有认出他来。他的学生太多了，何况毕业已整整10年了。

第一堂课，教授用了半堂课的时间，给学生们讲了一个故事。可是，这个故事医生当年就听过。医生觉得教授真是古板，都10年了，怎么又把故事拿出来讲呢？医生觉得索然无味。教授的课在故事中结束，给学生留了几道思考题。思考题很简单，要求学生当堂课完成。前面的题大家答得很顺利，可是，同学们被最后一道题难住了，这道题是这样的："你们知道单位里每天清早在医院里打扫卫生的清洁工叫什么名字吗？"同学们以为教授是在开玩笑，都没有回答。那位医生也觉得好笑，都10年了，还出这样的题，教授的课怎么一成不变呢？

教授看了学生的答题，表情很严肃。他在黑板上写了一行字："在你们的职业当中，每个人都是重要的，都值得关心，并关爱他们。"教授说："现在我要表扬一位同学，只有他回答出来了。"这个人就是那位医生。医生这时才猛然发现，自己在平时工作中常会下意识地去记清洁工的名字。他工作的医院有1000多人，他竟然记得每位清洁工的名字。

因为，这道题10年前就曾难倒过他。没想到当年第一堂课会影响他这么多年。

案例来源：360个人图书馆/教授的第一课

http：//www.360doc.com/content/07/0523/21/28729_516991.shtml

问题思考：

如何理解医学教授的第一节课？怎么看医学教授十年如一日"一成不变"的课？

案例评析：

毫无疑问，医学教授面对的是一些将来掌握着患者"生杀予夺"大权的医生，而医生的医德如何无疑又是人命关天的大事。因此，每个将来的从医者职业生涯的第一课就是学做一个有德行的人。至于作者10年了居然还记得导师的那一课，记得那么清楚，是因为教授的教育使得作者"刻骨铭心"、影响深远——一个能从1000多职工的医院返校进修的医生，想必也是单位的翘楚，谁又能否认他的成就与10年前的这个医学教授的"故事"的紧密关系呢！

有道是：做事先做人，做人先立德，做事靠人，做人靠德。立业先立德，做事先做人。做任何事情，都是从做人开始的。古往今来，对人的要求，无不以做人为本。《大学》里讲："自天子以至庶人，一是皆以修身为本"；儒家以"修身、齐家、治国、平天下"为培养人才的基本规范；司马光在《资治通鉴》写到"才者，德之资也，德者，才之帅也"；人民教育家陶行知言："千教万教，教人求真""千学万学，学做真人"；毛主席说：要做一个"高尚的人，纯粹的人，有道德的人，脱离了低级趣味的人，有益于人民的人"。不仅是每个医生，你、我、他，我们每个人都应该向那个医生及他的老师学习，在学做医生和从事其他任何工作之前首先学"做人"，做一个有道德的人。

"德为事业之基。"当今的社会是飞速发展的时代，我们身边的一切，包括环境、生活、工作、地位等等都在不断地变化，世界观、价值观也会随之改变。如何在这纷杂的世界中开辟出一块净土，让道德之子在每个人的心底生根、开花，且常开不败，是摆在每一个人面前的首要大事。在这里，老教授已为我们作出了表率。

教学建议：

此案例可在第五章教学导入中使用。

【案例2】摩西十诫

"摩西十诫",源自《圣经》,传说是神(耶和华)在西奈山的山顶亲自传达给摩西的,是耶和华对以色列人的告诫。它讲述了摩西带领他的犹太族人流浪来到西奈山下,摩西祈祷请求上帝耶和华为他的族人指一条道路。这时,一只看不见的手——上帝之手在西奈山的峭壁上刻出十条戒律。"摩西十诫"被说成上帝耶和华对摩西的启示,并通过摩西向教民宣讲教规和道德禁律。

"摩西十诫"摘要:我是你的上帝,不可信仰别的神;不可亵渎上帝之名;谨守圣安息日;孝敬父母;不可杀人;不可奸淫;不可偷盗;不可作伪证陷害他人;不可贪恋别人的配偶;不可贪恋别人的财物。

案例来源:百度/摩西十诫

https://baike.baidu.com/item/摩西十诫/773685?fr=aladdin

问题思考:

"摩西十诫"的特点是什么?

案例评析:

道德同其他社会意识形态一样,有其产生、形成、演变的过程及其规律性。在伦理学发展史上,不同的伦理学派和伦理学家,由于他们所处的历史条件和各自的社会地位不同,对于道德起源的看法和结论也不同。神启论是宗教伦理学和客观唯心主义关于道德起源的观点。他们把道德的起源归结为上帝的意志或者具有神秘性的"天"的启示。在西方,古希腊的哲学家苏格拉底、柏拉图都认为人们灵魂中的善和人类生活中的道德都来源于神谕或神秘的"理念十诫"的启示,人们通过自我认识和回忆,发掘出神给予的善和道德。中世纪的基督教认为，道德的原因就是上帝的存在，上帝不仅能鼓舞人行善，而且能给人以知识和智慧，使人得到真理和美德。《旧约》中提出了"摩西十诫"。所谓"摩西十诫"，就是讲摩西接受了上帝写在石板上的不杀人、不偷盗等十诫，然后他又传给了教民。经院哲学的代表人物托马斯·阿奎那认为，人们所具有的美德，都来自上帝的启示，并由此建立了他的神学伦理思想体系。在我国，西汉时期的董仲舒说："道之大原出于天，天不变，道亦不变。"(《举贤良对策》)董仲舒所讲的"天"，是指主宰宇宙及人类命运的至上神，是一个有意志性和伦理性的精神实体，是至善的道德化身。他所讲的"道"，包括封建社会的纲常礼教、道德、政治等封建统治原则。这些封建的传统"尽取于天"，也就是说，都是帝王从"天"那里承受下来的。

"神启论"把道德纳入宗教，以一种虚无缥缈的上帝或神秘的"天"来论证道德的起源，是一种十分粗陋和荒谬的唯心主义道德观，其将道德起源神秘化的目的在于为维护剥削阶级的统治服务。这种用神启来说明人类道德起源的说法，一方面强化了道德律令的束缚力和权威性，另一方面又因其脱离人类自身活动而缺乏现实说服力。并且，上帝全善的说法，也无法解释人间的罪恶、苦难等现象。

教学建议：

此案例可在第五章第一节"道德的起源"教学中使用。

【案例3】鲁滨逊漂流记

《鲁滨逊漂流记》(1718年)是18世纪英国作家、欧洲的"小说之父"

丹尼尔·笛福的代表作品，也是一部具有广泛的世界性影响的作品。书中记述了主人公鲁滨逊在一次航海中不幸遭到了暴风雨的袭击，除他外，其他人全部遇害。他漂到了个没有人烟的孤岛上。他的心中充满了无助以及孤独，不知道应该如何在这个孤岛上生活下去，但是，他却又不断地安慰自己，凭着自己的智慧和勇气，克服了无数的困难，把自己的生命延续下去，并且找到了许多生活的乐趣，在他渐渐淡忘要回到文明社会中去的时候，他却得到了获救的机会……在故事中，坚强不屈的鲁滨逊凭着自己的力量和在废船上找到的一些工具，在荒地上建起了住所，种起了麦谷，还饲养了动物，完成了自己的生活基本所需。他在这个过程中，也遭遇了很多困难和挫折，付出了辛勤的劳动。例如，他那个有两层围墙的房子差不多用了一年多的时间才建成；他在第一次播下大麦和稻谷的时候，由于播种得不是时候，这些宝贵的存货就浪费了一半；为了挖几个地窖以备贮存淡水，鲁滨逊又辛辛苦苦地干了几个月；为了做一个能够煮汤的锅，他绞尽脑汁，尝试了多种办法，也失败了无数次，才研究出制造方法。最后，鲁滨逊终于在28年后获救，并带领星期五逃出了荒岛。

案例来源：百度/鲁滨逊·克鲁索

https://baike.baidu.com/item/鲁滨逊·克鲁索/10529687?fr=aladdin

问题思考：

鲁滨逊一个人在孤岛时，有没有道德问题？

案例评析：

马克思主义道德观认为，社会关系是道德赖以产生的客观条件。在生产生活的实践活动中，人类必然要发生各种各样的人际交往和社会关系。随着社会分工的不断发展，个人利益、他人利益和社会利益的界限逐步明晰，各种利益关系更为凸显，要求规范、协调或制约利益冲突的意识更为强烈，由此促进了人类道德的不断进步和发展。可以说，正是社会关系的形成和发展产生了调节各种关系特别是利益关系的需要，道德恰恰是适应社会关系调节的需要而产生的。流落在荒岛上的鲁滨逊除了对他自己和自然界之外，不会有什么真正的道德或不道德的行为，因为他是在社会之外的。只有在社会中，发生了个人与整体、个人利益与整体利益的关系之后，只有当人将其合群的本能上升为交往关系时，道德才可能发生。

教学建议：

此案例可在第五章第一节"道德的起源"教学中使用。

【案例4】折断的猎枪

猎人巴布已经整整走了一天，也没找到合适的猎物。正当他心灰意冷的时候，树林里突然蹿出一只豹子，巴布顿时精神了许多，他提起猎枪迅速追了过去。

十分钟以后，巴布追上了豹子。他瞄准了豹子的身体，迅速扣动了扳机，只听"嘭"的一枪，豹子倒下了。巴布欣喜地跑上前去，想要看看这只庞大的猎物。

然而，就在此时，巴布看见了令他终生难忘的一幕：这只受伤的豹子，拖着流出肠子的身躯，慢慢地往前爬，足足爬了半个小时，最后来到一棵大树后，那里有两只刚出生不久的幼豹。受伤的豹子让幼豹们爬到它身边，吮吸它的乳汁。过了一会儿，两只幼豹吃饱了，高兴地离开了。这时，受伤的豹子已是奄奄一息，它又抬头看了一眼幼豹，恋恋不舍地倒了下去。

巴布看到这一幕，不禁流下了悔恨的眼泪。突然，它折断了猎枪。此后，巴布成了一名商人。

案例来源：百度文库 / 折断的猎枪

https://wenku.baidu.com/view/f1a4d2e32cc58bd63186bdf1.html

问题思考：

巴布为什么要折断猎枪？

案例评析：

人一直把自己看成万物之灵，动物尚能有舐犊之情，人难道不如动物吗？这种反问就在人内心深处产生了一种强烈的道德感。自我意识的产生，标志着人把自身同动物区别开来，当人们意识到自己作为社会成员与其他动物的根本区别，意识到自己与他人或集体的不同利益关系以及产生了调解利益矛盾的迫切要求时，道德才得以产生。在道德形成过程中，善与恶、正义与非正义、公正与偏私、诚实与虚伪等不断形成冲突，并在冲突中逐渐走向"道"。

教学建议：

此案例可在第五章第一节"道德的起源"教学中使用。

【案例5】饥饿的苏丹

1993年苏丹战乱频繁的同时发生了大饥荒，南非的自由摄影记者凯文·卡特（Kevin Carter）来到战乱、贫穷、饥饿的非洲国家苏丹采访。

一天，他看到这样一幅令人震惊的场景：一个瘦得皮包骨头的苏丹小女孩在前往食物救济中心的路上再也走不动了，趴倒在地上。而就在不远处，蹲着一只硕大的秃鹰，正贪婪地盯着地上那个奄奄一息的瘦小生命，等待着即将到口的"美餐"。凯文·卡特抢拍下这一镜头。1993年3月26日，美国著名大报《纽约时报》首家刊登了凯文·卡特拍摄的名为《饥饿的苏丹》的这幅照片。接着，其他媒体很快将其传遍世界，在各国人民中激起强烈反响。照片中所表达的信息令所有看到这幅照片的人感到震惊，国际社会也终于明白这一次苏丹的饥荒到底有多严重。因为这幅照片的影响，国际社会加大了对苏丹的援助，很多国际慈善组织也赶赴该国帮忙救灾。后来该照片获得普利策新闻大奖。但与此同时，很多人批评凯文·卡特是个冷血屠夫，为了获得大奖，只顾拍照却没有对照片中的女孩伸出援助之手。当时的各大电视台和媒体也纷纷批判凯文·卡特，对他是口诛笔伐。就在普利策颁奖仪式结束2个月后，即1994年7月27日夜里，警察在南非东北部城市约翰内斯堡发现凯文·卡特用一氧化碳自杀身亡。他在汽车的排气管上套了一截绿色软管，把废气导入车内。人们在他的座位上找到一张纸条："真的，真的对不起大家，生活的痛苦远远超过了欢乐的程度。"

案例来源：百度百科 / 饥饿的苏丹

https://baike.baidu.com/item/饥饿的苏丹/11043010?fr=aladdin

问题思考：

凯文·卡特为什么会自杀？

案例评析：

道德作为一种特殊的意识形态，是以善恶为评价标准，主要依靠社会舆论、传统习俗和内心信念来发挥其调节人们行为作用的一种心理意识、原则规范和行为选择与活动的总和。其发挥作用的手段在于它是一种调节社会关系的行为规范。通过多领域行为规范，道德发挥着认识、规范、调节、导向、激励等功能。

首先，在人们做出某种行为之前，道德决定人们要依据履行义务的道德要求，对行为的动机进行自我检查，对符合道德要求的动机予以肯定，对不符合道德要求的动机进行抑制或否定，从而作出正确的动机决定。

其次，在人们行为进行过程中，道德能够起到自我监督作用，对符合道德要求的情感、意志和信念，人们予以自我激励；对不符合道德要求的情感、欲念或冲动，人们予以克服。中国有"良心的发现"之说——就是指在行为进行过程中发现失误，良心能够使人改变行为方向和方式，纠正自己的某种自私欲念和偏颇，自觉地保持自己的正直人格，不断提高自己的高尚品德。

第三，在人们行为之后，道德促使人们对行为的后果和影响作出自我评价，对履行了道德义务的良好后果和影响，得到内心的满足和欣慰，对没有履行道德义务的不良后果和影响，进行内心的谴责，表现出内疚、惭愧和悔恨，以至于纠正自己的错误。

记者在职业精神和人道主义之间如何选择一直是备受争议的话题。凯文·卡特为什么自杀？大多数人的推测是：他因不堪舆论压力而引咎自杀。也许其自身原因甚多，但不可否认，通过社会舆论、风俗习惯、内心信念等特有形式，道德的调节功能以其特有方式发挥了作用。

教学建议：
此案例可在第五章第一节"道德的功能"教学中使用。

【案例6】穷有信，富且仁

近日，在微信朋友圈、网络上传播的一则消息，赢来点赞纷纷，传递了满满的正能量。

郑州新密市中学生陈奕帆，骑车不慎撞损一辆停在路边的宝马车，车主不在现场，他便写了一封道歉信，连同寒假打工赚的311元钱卡在车门把里。车主薛战民见信和钱，深被打动，动了资助该学生的念头，找到陈奕帆并资助了1万元。这名学生因"信"而打动车主，车主因"仁"而资助学生，一"信"一"仁"，演绎了暖暖的人间乐章。

案例来源：南方网/南方杂志总第254期

http://epaper.southcn.com/nfzz/254/content/2017-03/09/content_166664033.htm

问题思考：

这件事给我们哪些启示？

案例评析：

陈奕帆本可以选择"人不知，鬼不觉"，悄然离开，逃避责任。但是，他选择"有信"，主动写上道歉信，尽自己所有，附上在寒假里打工的311元，作为赔偿款。知道这点钱的赔偿远远不够，他在道歉信上多次说"对不起"，态度诚恳地承担责任。陈奕帆的"信"，赢得了车主的谅解，并深深地打动了车主的心，唤起了车主对"仁"的诠释。于是，车主薛先生不但把钱退还给陈奕帆，还资助他读书。

宝马车主薛战民先生的"仁"，一样值得肯定。在自己的车子被撞损，不但没有索赔，还被学生这种"信"所感动，以"仁"回应"信"，对学生施予"仁爱"，资助学生，使学生明白，"信"是无价的，也是有回报的。同时，也向社会传递了"你怎样对待这个世界，这个世界就怎样对待你"的理念，弘扬了"信"的灵魂。

做人要讲"诚信"，在中华传统文化智慧宝库中，诚信有着举足轻重之位，是以德服人之"德"的延伸，以"信"立魂，以"诚"立世，是做人做事之根本。陈奕帆的"信"，彰显了为人之道，与言而无信、见利忘义、缺乏担当、道德失范的人相比，有天壤之别。然而，在现实中，我们需要更多像陈奕帆这样有信、敢于负责、勇于担当的人，携手建立"有信"有担当的社会基石，共同构筑"美美与共"的命运共同体。

做人要讲"仁义"，古语云：偏离仁义，必失公道。薛战民的车子被撞损，面对这样一位"有信"的学生，他彰显"仁心"，施予"仁爱"，值得称道。构建诚信社会需要大家共同努力，彰显"仁爱"需要大力弘扬。薛战民和陈奕帆以"撞车"为媒，为人们上演了一堂生动的"诚信""仁义"课，影响之大、传播之广，令人记忆深刻。一"信"一"仁"如同两股暖流，温暖了人们的心房。

"诚信"和"仁义"是构筑和谐幸福社会的要素，更是支撑人生的基石。因此，我们要以陈奕帆为榜样，以"信"撑起人生之灵，以薛战民为榜样，以"仁"传播爱之美好。

教学建议：

此案例可在第五章第二节"传承中华传统美德"教学中使用。

【案例7】不朽的丰碑

小学语文课本上有一篇题目叫作《丰碑》的课文，讲的是中国工农红军长征途中的千千万万个"故事"中的一个。内容是这样的：红军队伍在冰天雪地里艰难地前进。严寒把云中山冻成了一个大冰坨。狂风呼啸，大雪纷飞，似乎要吞掉这支装备极差的队伍。将军把他的马让给了重伤员，率领战士们艰难向前挺进，在冰雪中为后续部队开辟一条通道。等待着他们的是恶劣的环境和残酷的战斗，可能吃不上饭，可能睡雪窝，可能一天要走一百几十里路，也可能遭到敌人的突然袭击。这支队伍能不能经受住这样严峻的考验呢？将军思索着。

队伍忽然放慢了速度，前面有许多人围在一起，不知在干什么。将军边走边喊："不要停下来，快速前进！""前面有人冻死了。"警卫员跑回来告诉将军。将军愣了一下，什么话也没说，快步朝前走去。一个冻僵的老战士，倚靠在光秃秃的树干下坐着。老战士一动不动，好似一尊塑像，身上落满了雪，无法辨认他的面目，但可以看出，他的神态十分镇定，十分安详：右手的中指和食指间还夹着半截纸卷的旱烟，火已被雪打灭；左手微微向前伸着，好像在向战友借火。单薄破旧的衣服紧紧地贴在他的身上。

将军的脸色顿时严峻起来，嘴角边的肌肉抽动着。忽然他转过脸向身边的人吼道："把军需处长给我叫来！为什么不给他发棉衣？"呼啸的狂风淹没了将军的话音。没有人回答他，也没有人走开。他红着眼睛，像一头发怒的豹子，样子十分可怕。"听见没有，警卫员？叫军需处长跑步过来！"将军两腿的肌肉抖动着。这时候，有人小声告诉将军："他就是军需处长……"

将军愣住了，久久地站在雪地里。他的眼睛湿润了。他深深地吸了一口气，缓缓地举起右手，举到齐眉处，向那位跟云中山化为一体的军需处长敬了一个军礼。风更狂了，雪更大了。雪很快地覆盖了军需处长的身体，他成了一座晶莹的丰碑。将军什么话也没有说，大步走进漫天的风雪中。他听见无数沉重而坚定的脚步声。那声音似乎在告诉人们：如果胜利不属于这样的队伍，还会属于谁呢？

案例来源：百度百科／丰碑

https://baike.baidu.com/item/%E4%B8%B0%E7%A2%91/9035566?fr=aladdin

问题思考：

什么是中国革命道德？怎样发扬中国革命道德？

案例评析：

一个红军的军需处长，一个管钱管物、管着被子衣服"权力"很大的人，竟被活活冻死！这在一些"精明"的人眼里简直不可思议！然而，事实告诉我们，这就是我们红军战士的高尚道德品质，这就是老一代共产党人的高贵灵魂。他们为了人民大众的利益，不惜抛头颅洒热血，把死留给自己，把生留给别人，在人民群众的心目中树立了一座座不朽的丰碑。是的，那沉重而坚定的脚步声昭示了这样一个历史事实和真理：胜利当然已经属于这样的队伍！这是革命的胜利，这是革命军人的胜利，这是共产党人的胜利！这是中国革命道德的胜利！

中国革命道德，是指中国共产党人、人民军队、一切先进分子和人民群众在中国革命、建设、改革中所形成的优秀道德，是马克思主义与中国革命、建设、改革的伟大实践相结合的产物，是中华民族极其宝贵的道德财富。中国革命道德萌芽于五四运动前后，发端于中国共产党成立以后蓬勃发展的伟大工人运动和农民运动，经过土地革命战争、抗日战争、解放战争以及社会主义革命、建设、改革的长期发展，逐渐形成并不断发扬光大。

革命道德是新时代的优秀传统美德。弘扬中国革命道德，要同弘扬中华传统美德相结合。中华传统美德是中国革命道德的渊源之一，从一定意义上来说，没有中华传统美德的长期发展和丰厚积淀，就不可能有中国革命道德的形成和发展。中国革命道德继承了中国传统道德的精华，摒弃了传统道德的糟粕，是中国优良传统道德的延续和发展，是超越了中华传统美德的时代局限而形成的一种崭新的道德。

教学建议：

此案例可在第五章第二节"发扬中国革命道德"教学中使用。

【案例8】《流浪地球》为什么能够成功

2019年2月13日，一部科幻电影《流浪地球》在大年初一上映迅速引起全民热捧，最终票房达到了46.55亿。电影《流浪地球》根据刘慈欣同名小说改编，故事设定在2075年，讲述了太阳即将毁灭，已经不适合人类生存，而面对绝境，人类将开启"流浪地球"计划，试图带着地球一起逃离太阳系，寻找人类新家园的故事。

案例来源：百度百科/流浪地球

https://baike.baidu.com/item/%E6%B5%81%E6%B5%AA%E5%9C%B0%E7%90%83/16278407?fr=aladdin

问题思考：

《流浪地球》为什么能够成功？

案例评析：

把集体的、国家的、民族的利益放在首位，并高于一切，是中华民族的优良传统和文化基因。"苟利国家生死以，岂因祸福避趋之"，一直是优秀中华儿女的信仰和实践，也是中华文明得以5000年灯火相续的重要原因之一。同时，把集体利益放在第一位的思想体系，也是无产阶级人生观和价值观的核心，是社会主义道德的基本原则。

一直以来，人们常说东西方的差异在于集体与个人，东方重集体而西方重个人。众所周知，古代的科技文明水平较为落后，交通和通信手段不发达导致中国形成了一种乡土气息很浓郁的"熟人社会"。再加上中国古代的宗法制度，即"以血缘关系为纽带，与国家制度相结合，以维护家长、族长和贵族世袭统治和世袭特权的行为，而形成了由政权、神权、专权组成的封建宗法制，形成了等级森严的宗法制度"。而传统的文化中的集体主义就隐藏在这种宗法整体主义之中。西方社会的发展历史决定了西方重个人，启蒙运动和文艺复兴都在强调人文主义。"人"被提到了一个很高的地位，西方价值观里提倡自由、平等、热爱生命，注重追求个人成就和物质财富。

《流浪地球》的成功不仅代表了中国科幻电影里程碑式的进步，也见证了中国集体主义价值观和乡土情怀引起的文化自信和共鸣。与传统的欧美科幻大片弘扬的个人英雄主义价值观不同，《流浪地球》这部电影的精神内涵，就是我国人民普遍认同的"集体主义价值观"即我国自古以来所颂扬的"集体主义精神"。人类命运共同体的核心价值，就是要维护同一个人类的安全和福祉，不能因为某个人群、族群的自私性和优越感，而毁灭了这个星球，让全人类遭殃。尽管《流浪地球》描述的场景，在可预知的人类历史长河中，发生的概率微乎其微，但电影立意在"人类命运共同体"的内涵，却是十分高明、积极和正确的。面对巨大的灾难或问题时，需要依靠集体或者团队的力量来解决，只有集体主义的力量，才能克服一切困境。这种价值观念，体现在《流浪地球》的结尾，当救援队队长与全世界多国救援队同时推动地球发动机的"撞针"时，集体主义的精神便由此完美体现。可以说，这或许也正是《流浪地球》能够在国内收获诸多认可的原因之一。正如导演郭帆在采访中曾经表示："集体主义在中国特别容易被理解，《流浪地球》中每一个人都是普通人，没有超级英雄，而是依靠集体合在一起的团结力量去完成救援。"

在新时代新背景下，弘扬集体主义价值观的同时，还要重视和保障个人的正当利益。对于集体主义来说，只有个人的价值、尊严得到实现，个人的正当利益得到保证，集体才能有更强大的生命力和凝聚力。与此同时，集体主义重视个人利益的实现，并不等于说，任何个人不分场合不分时间的利益需求，都应该无条件得到满足。社会主义集体主义所重视和保障的是个人的正当利益，而不是任何性质的个人利益，对于损人利己、损公肥私的行为，集体主义不但不保护，而且强烈反对和禁止。

教学建议：

此案例可在第五章第三节"集体主义是社会主义道德的原则"教学中使用。

【案例9】病房里的感动

晚上9时，医院外科3号病房里新来了一位小病人。小病人是个四五岁的女孩。女孩的胫骨、腓骨骨折，在当地做了简单的固定包扎后被连夜送到了市医院，留下来陪着她的是她的母亲。

大概因为是夜里，医院又没有空床，孩子就躺在担架上被放在病房冰冷的地板上。孩子的小脸煞白，那位母亲一直用自己的大手握着孩子的小手，跪在孩子的身边，眼睛一眨也不眨地盯着孩子的脸。

"妈妈，给我包扎的叔叔说过几天就好了，是不是？"

"是！"母亲的脸上竟然挂着慈爱的笑，好像很轻松的样子。

"妈妈，那要过几天？"孩子的声音很小。"用不了几天，孩子。"

孩子没有说话，闭上眼睛，眼泪流了出来。过了一会儿，孩子说："妈妈，我疼！"

母亲弯下身子，把自己的脸贴在孩子的小脸上，用自己的脸擦干孩子的泪水。当她抬起头的时候脸上依然挂着那种轻松的慈爱的笑："妈妈给你讲故事好吗？"孩子点点头，眼泪还是不停地流下来。

母亲讲的故事很简单：大森林里的动物们都来给大象过生日。它们各自都送给大象珍贵的礼物，只有贫穷的小山羊羞怯地讲了一个笑话给大象，大象却说，小山羊给大家带来了欢乐，它的礼物是最值得珍惜的。

不知道母亲为什么选了这样一个故事。孩子的眼睛亮起来，她一边用手抹眼泪，一边用快活的声音说："妈妈，它们有蛋糕吗？我过生日的时候你是不是也会给我买最大的蛋糕？"

"当然要买蛋糕，等你好了，出院的时候我们就一起去买蛋糕。"母亲的声音那样轻快，孩子也笑了。"妈妈，再讲一遍。"于是，母亲就一遍一遍地讲下去，她的手一直握着孩子的小手，脸上挂着轻松的慈爱的笑。

女孩终于忍不住了，眼泪再次流下来："妈妈，我很疼！"并轻声哼起来。母亲一边给孩子擦眼泪一边问："你想大声哭吗？"孩子点点头。病房却是出奇的安静，不知道是不是大家都睡了。那时已经是夜里11点多了。

"让妈妈陪你一起疼好吗？"孩子点点头又摇摇头。母亲把自己的手放在女孩的唇边说："疼，你就咬妈妈手。"孩子咬住了妈妈的手，可是眼泪还是不停地流。

后来，孩子终于闭上眼睛睡着了，脸上还挂着泪水，母亲这时却是泪流满面。凌晨3点的时候，孩子就从梦中疼醒了，她叫了一声"妈妈"就轻轻地抽泣起来。母亲忽然没了语言，她不知所措了，嘴里只是轻轻地叫着："我的孩子！"

"孩子要哭，你就让她大声地哭吧。"一个声音在房间里响起。"孩子，你哭吧。"房间里的人一齐说。他们竟然都是醒着的。

母亲看着孩子的脸，说："想哭就哭吧，好孩子。""妈妈，叔叔、阿姨不睡了吗？"孩子哽咽着问，眼泪浸湿了她的头发。她的小脸像个天使。

屋子里能走动的人都来到了孩子的跟前，一名40岁左右的妇女拿起一个橘子，一边剥皮一边说："吃个橘子吧，小宝贝，吃了橘子，你就不疼了。"说着眼泪滚落在孩子的脸上。孩子吃惊地看着她，然后伸出自己的小手去擦阿姨脸上的泪。那女人更止不住地哭泣起来："我从来没看到过这么懂事的孩子……"

那一夜，大家都没有再睡，大家都被感动着，被那孩子感动着，被孩子的母亲感动着。有这样的母亲才会有这样优秀的孩子。

案例来源：语文网 / 病房里的感动

https://yuwen.chazidian.com/yuedu4663/

问题思考：
为什么大家被小女孩感动？

案例评析：
社会公德简称"公德"，是指存在于社会群体中间的道德，是生活于社会中的人们为了我们群体的利益而约定俗成的我们应该做什么和不应该做什么的行为规范。在本质上是一个国家、一个民族或者一个群体，在历史长河中、在社会实践活动中积淀下来的道德准则、文化观念和思想传统。它对维系社会公共生活和调整人与人之间的关系具有重要作用。社会公德与"私德"相对，这里的"公德"是指与国家、组织、集体、民族、社会等有关的道德，而"私德"则指个人品德、作风、习惯以及个人私生活中的道德。

从诞生的那一刻起，我们就进入了这个绚丽多彩的世界，这也意味着我们将不再孤单。为了更好地融入这个社会，处理好人际关系，我们必须遵守文明礼貌、助人为乐、爱护公物、保护环境、遵纪守法为主要内容的社会公德。社会公德作为一种无形的力量，约束着我们的行为。只有遵守社会公德的人，才会被人们所尊重。那些违反社会公德的人，将被人们所不齿。

教学建议：

本案例可用于第五章第三节"公共生活中的道德规范"教学中。

【案例10】高铁"霸座"事件

近年来，列车上"霸座"现象似乎有越演越烈的趋势。高铁"霸座"事件是指2018年8月21日，当事男子孙赫霸占某女乘客高铁列车座位的事件。该事件发生于从济南开往北京的G334次列车上。孙赫在女乘客上车前，先坐在了属于女乘客的座位上，女乘客上车后，继续"霸座"，并拒绝与乘务人员沟通，称"无法起身，不能归还座位"。经列车长和乘警劝说无果后，被占座女乘客被安排到商务车厢。

2018年8月22日晚，当事男子孙赫回应，称自己当时态度不太好，现在对自己的行为很后悔，并向女乘客表示道歉。2018 年 8 月 23 日，济南铁路局方面称，涉事男乘客的行为属于道德问题，不构成违法行为。2018 年 8 月 24 日，中国铁路济南局集团公司表示，孙某被处治安罚款 200 元，并在一定期限内被限制购票乘坐火车。

"霸座男"的事件尚未远去，又来了"霸座女"。2018 年 8 月 22 日凌晨 T398 列车济宁段，一女子购买无座车票上车后，强行霸占一名女孩的座位，女孩找来乘务人员协调。乘务员查看占座女子的车票，是无座票，一直劝说协调，女子到最后也没有起身。从凌晨 4 点到 6 点，买了有座票的女孩在车厢里站了两个小时。2018 年 9 月 19 日，在永州开往深圳北的 G6078 列车上，一名女乘客上车后未按照车票上的座位落座，执意坐在靠窗的邻座位置。被占座的乘客投诉后，列车安全员与该女子反复沟通，她就是不肯让座。最终，原乘客被迫换到别的位置，目前铁路公安已介入调查。

案例来源：百度 / 高铁"霸座"事件

https：//baike.baidu.com/item/ 高铁"霸座"事件 /22832262?fr=aladdin

鼎盛视讯 / 前有霸座男紧接着又出现霸座女，暴露了中国社会三个问题

https://baijiahao.baidu.com/s?id=16120940092163024244&wfr=spider&for=pc

问题思考：

铁路霸座为何屡现？如何杜绝这种现象？

案例评析：

"高铁霸座男"事件反映了社会现实：一是无视社会公共秩序。人们常说，无规矩不成方圆。高铁属于公共交通，国家制定了相应的法律法规，作为一名公民，乘坐高铁，必须遵守相应的规章制度。二是个人诚信与公德心的缺失。对号入座是从小就要知道的常识，他没有遵守，蛮横无理占别人的

座位。事发当天网友发布的视频中可以清楚地听到他说他需要轮椅，但其道歉视频中可以明显看到：他是一名四肢健全的人。肆意撒谎（虽然能看出来他在高铁上是耍无赖）表明诚信缺失；把恶意霸座行为归结为自己站不起来，这也是一种公德心缺失的体现。三是高学历不等于高素质。据媒体报道，该男乘客是博士毕业，属于高学历工作者。但学历与素质不可以混为一谈，学历只是一个在知识、学问方面的凭证，而素质是关乎一个人的素养和品质。素质有身体素质、心理素质、道德素质三方面，该男乘客明显在道德素质上有缺失。我们国家应该比以往更加重视素质教育，德智均衡发展！

铁路进入高铁时代，公众的规则意识也应与时俱进。维护公共交通出行规则，显然不能靠乘客一个人战斗。

教学建议：

本案例可用于第五章第三节"公共生活中的道德规范"教学中。

【案例 11】网红之"凉"的警示

从火到凉，需要多久？只需要一首歌的时间。

国庆期间，某名在今年夏天迅速走红的网红歌手，因为恶搞国歌被网友举报，直播间遭封禁，账号冻结，影音作品下架。前些天，她因违反《中华人民共和国国歌法》，被公安机关行政拘留5日。有网友感慨，从红到凉，不过夏秋之间。

无独有偶，两个多月前，网友举报某网红主播在早期直播中，公然把南京大屠杀、东三省沦陷等民族惨痛记忆作为调侃的笑料。在网上的一片声讨中，这名主播被彻底封杀。

案例来源：人民网 / 纪检监察报：网红之"凉"的警示

http：//opinion.people.com.cn/n1/2018/1022/c1003-30354436.html

问题思考：

网络时代，我们如何守护道德？

案例评析：

网络时代是一个鼓励个性发展的时代，各种网络直播平台、短视频平台，给了普通人登台舞袖的机会。网络市场的繁华盛景让人迷醉，但这里不是规则、法律和道德约束不到的"盲区""飞地"。底线守不住，纵然有再惊艳的作品、再巨大的潜力，背后有再众多的粉丝、再强大的平台，也决不能姑息。

犯一次原则性的错误就被彻底封杀，这样的惩罚不可谓不严厉，甚至可能彻底改变当事人的命运。但这种急剧的改变能让膨胀的心牢牢记住什么是公民的底线和责任，如此及时亮出"红牌"不仅能避免当事人犯下更大的错误，也能让其他公众人物受警示、明底线、知敬畏——这也是一种惩前毖后、治病救人的方法。

我们需要用完善的制度法规，严格监管，对挑战伦理道德底线的行为坚决取缔，用制度法规让这些网络红人不仅守底线，更要守规则。与此同时，在政策上出台鼓励措施，塑造正确价值导向，传播社会正能量的网络中坚力量，共建守法守信的网络空间，守住网络道德文明的"底线"。

教学建议：

本案例可用于第五章第三节"网络生活中的道德要求"教学中。

【案例12】那一课叫敬业

所有的考试都结束了，校园里开始弥漫浓浓的离别气息。再有十几天，同学们就要挥手作别大学了。

这一天，学院辅导员通知同学们——主讲训诂学的老教授要在周日给选修这门课的同学补上上一次因他生病住院而落下的课。

同学们意见纷纷：都什么时候了，大家考试都及格了，谁还有心情去补课？再说了，就那选修课少上一次与多上一次又有什么关系……

周六，选修课训诂学的30多名学生中，只有5位女生去了教室。其实，她们也并非有意给老教授捧场的，她们忘了补课的事，原本打算到安静的教室里去聊聊天的。

老教授准时走进教室，看到只有5个没带教材的女学生，他猛地一愣，俯身问明原因后，他微笑着环视了一下空阔的教室，清清嗓子，响亮地喊了一声："上课。"

仿佛里面照例坐着30多名学生，老教授跟平时一样自然而然地讲述着一个个精心准备的教学内容。他讲得非常投入，甚至有些忘情。不一会儿，他的额头上有汗珠滑落。

5个开始还有些心不在焉的女生，先是惊讶老教授依然工整的板书、热情的手势和对每一个细节的耐心讲解，继而，被他的那份从容和执着深深感动了……她们不约而同地坐直了身子，认真地聆听起来。

课间休息时，5位女同学竭力劝面色有些苍白的老教授赶紧回去休息。老教授擦着满脸的汗水连连摇头，说他还能坚持住。直到下课的铃声响起，他才如释重负地收拾好讲义，慢慢地走出教室。

20年后，那5个在学校成绩平平的女生，很快都脱颖而出，在事业上卓有成绩，成为那届毕业生中的佼佼者。

同学聚会时，面对大家羡慕和赞叹的目光，她们不约而同地想起在大学里补上的那一次课。虽然她们已记不清老教授所讲的内容，但老教授抱病面对五个学生时那份平静，那份声情并茂的投入，却深深地铭刻在了她们的脑海里。正是那一课，让她们明白了什么叫作"敬业"，什么叫作"认真"等等那些曾无数次空泛地谈论过的大道理，并由此深深地影响了她们对事业及人生的态度。

是的，那刻骨铭心的一课就叫——"敬业"。只是在多年以后，许多同学才在懊悔和遗憾之余，将其间接地补上。

案例来源：大家的博客

http：//blog.sina.com.cn/s/blog_5ccc21800100au6v.html

问题思考：

如何理解"敬业""认真"？

案例评析：

爱岗敬业反映的是从业人员对待自己职业的一种态度，也是一种内在的道德需要。它体现的是从业者热爱自己的工作岗位、对工作极端负责、敬重自己所从事职业的道德操守，是从业者对工作勤奋努力、恪尽职守的行为表现。爱岗敬业就是要干一行爱一行，爱一行钻一行，精益求精，尽职尽责。

什么叫"敬业"、什么是"认真"，我们以为的空洞甚至是虚妄的所谓"大道理"，老教授用我们看得见、摸得着的实际行动做出了最好的诠释并深深地影响了学生。"干一行、爱一行、专一行、精一行"，在平凡中孕育伟大，在日常工作岗位实现自我价值，为社会和他人创造财富和美好。各行各业有很多人，都是在平凡的岗位上做出了不平凡的业绩，是值得我们学习的，如"白衣圣人"吴登云、"中国航空发动机之父"吴大观等。虽然许多事，人人都会做，"好做"，但是，"做好"的人一定是付出了"认真"和"敬业"及"用心"。这也正是职业道德起码的要求——爱岗敬业、服务群众。要知道，你的"用心"终会有丰厚回报的，无论是于人、于己还是于社会！

教学建议：

此案例可在第五章第三节"职业生活中的道德规范"教学中使用。

【案例 13】唐某某诉唐某甲等 5 子女赡养纠纷案

原告唐某某出生于 1939 年 8 月，现年 90 岁。被告唐某甲、唐某乙、唐某丙、唐某丁、唐某戊等 5 人系原告唐某某的子女。原告与妻子郑某某现因年老而无劳动能力，每月仅享有 200 元老年补贴，无其他收入来源。日常生活、疾病医疗等均需要唐某甲等 5 子女照顾和赡养，但由于 5 子女之间就赡养事宜不能达成一致意见，致使原告及妻子郑某某的赡养事宜始终不能得到具体实现。为此，亭口村、天目山镇等部门也多次协调，但都未有结果。故原告唐某某于 2017 年 5 月 14 日向法院起诉，要求唐某甲等 5 人履行赡养义务，每月支付赡养费 1000 元，共同承担原告起诉日后的医疗费等开支。

被告唐某甲等 5 人分别提出如承担赡养义务，需分割父母名下的田地、确定赡养费用管理人等理由。

案例来源：搜狐/http：//www.sohu.com/a/194964604_99919051

问题思考：

被告唐某甲等5人的理由是否成立？

案例评析：

浙江临安人民法院生效裁判认为：赡养老人是中华民族传统美德，也是法律规定子女应尽的义务。现原告唐某某年事已高，已丧失劳动能力，依法享有要求子女支付赡养费的权利，作为成年子女，不得以任何理由对赡养义务附加任何条件。原告每月虽有200元补贴收入，但综合考虑当地的生活消费性支出及当事人的实际情况，原告要求五被告共同承担赡养费（包括今后的医疗费用）的诉讼请求，符合法律规定，本院予以支持。法院判决：自2017年5月起，被告唐某甲等5人每人每月各应支付原告唐某某生活费200元。

在一些农村地区赡养纠纷时有发生。其原因在于一些农村地区仍有"儿子养老"的老观念存在。认为女儿、女婿为外姓人，可以不承担养老义务。但法律规定子女都有赡养父母的义务，女儿并不会因为出嫁就不需要赡养自己的父母。还有一些子女为赡养义务附加条件，如将赡养和分家产等问题联系在一起，分不到父母财产的子女即不履行赡养义务。但事实上，赡养是法定的义务，子女不能以任何理由来免除其应该尽到的赡养义务。

教学建议：

此案例可在第五章第三节"恋爱、婚姻家庭中的道德规范"教学中使用。

【案例14】聪明掩盖不了道德缺陷

十二年前,有一个小女孩刚毕业就去了法国,开始了半工半读的留学生活。渐渐地,她发现当地的公共交通系统的售票处是自助的,也就是你想到哪个地方,根据目的地自行买票,车站几乎都是开放式的,不设检票口,也没有检票员,甚至连随机性的抽查都非常少。她发现了这个管理上的漏洞,或者说以她的思维方式看来是漏洞。凭着自己的聪明劲,她精确地估算了这样一个概率:逃票而被查到的比例大约仅为万分之三。她为自己的这个发现而沾沾自喜,从此之后,她便经常逃票上车。她还找到了一个宽慰自己的理由:自己还是穷学生嘛,能省一点是一点。

四年过去了,名牌大学的金字招牌和优秀的学业成绩让她充满信心,她开始频频地进入巴黎一些跨国公司的大门,踌躇满志地推销自己。但这些公司都是先热情有加,然而数日之后,却又都是婉言相拒。一次次的失败,使她愤怒。她认定是这些公司有种族歧视的倾向,排斥外国人。但对方这样回答她:歧视你?相反,我们很重视你。你一来求职的时候,我们对你的教育背景和学术水平都很感兴趣,老实说,从工作能力上,你就是我们所要找的人。她气愤地问:"那为什么不收天下英才为贵公司所用?"对方回答:"因为我们查了你的信用记录,发现你有三次乘公交车逃票被处罚的记录。"她听后解释:"我不否认这个。但为了这点小事,你们就放弃了一个多次在学报上发表过论文的人才?"对方回答:"小事?我们并不认为这是小事。我们注意到,第一次逃票是在你来我们国家后的第一个星期,检查人员相信了你的解释,因为你说自己还不熟悉自助售票系统,只是给你补了票。但在这之后,你又两次逃票。"她狡辩道:"那时刚好我口袋中没有零钱。"对方回答:"不不,女士。我不同意你这种解释,你在怀疑我的智商。我相信在被查获前,你可能有数百次逃票的经历。"她继续辩解道:"那也罪不至死吧?干吗那么认真?以后改还不行吗?"对方认真地答道:"不不,女士。此事证明了两点:一、你不尊重规则。你擅于发现规则中的漏洞并恶意使用。二、你不值得信任。而我们公司的许多工作是必须依靠信任进行的,因为如果你负责了某个地区的市场开发,公司将赋予你许多职权。为了节约成本,我们没有办法设置复杂的监督机构,正如我们的公共交通系统一样。所以我们没有办法雇用你,可以确切地说,在这个国家甚至整个欧盟,你可能找不到雇用你的公司。"

直到此时,她才如梦方醒、懊悔难当。然而,真正让她产生一语惊心之感的,却是对方最后提到的一句话:道德常常能弥补智慧的缺陷,然而,智慧却永远填补不了道德的空白。

案例来源:蓝月亮的博客/聪明掩盖不了道德的缺陷

http://blog.sina.com.cn/s/blog_4ba6847e0102wd19.html

问题思考:

怎么看待该名女生的遭遇?

案例评析:

这个女孩子从始至终都认为自己因为穷所以自己的行为是可以原谅的,但中国也有句古语为:人穷志不穷!人不能因为穷就没有了道德底线,就能够做违背良心违反国家法律的事情,比如:有的地方的某些人因为穷就去割电线卖钱,最后自己也被电死还造成国家重大损失。如果一个人只认钱了,那么他就什么缺德的事情都能做出来。

诚实的人总是忠于自己的良知,即使是在有急需时,也都能够不为贪一时之财而放弃自己的尊严。一个诚实的人做事不会违法乱纪、投机取巧,因此较能获得他人的信赖和支持。所以说诚实就是自己最大的无形财富。个人修养就是个体在心灵深处进行的自我认识、自我解剖、自我教育和自我提高。个人修养作为一种无形的力量，约束着我们的行为。只有具有良好的个人修养的人，才会被人们所尊重。

教学建议：

本案例可在第五章第三节"个人品德及其作用"教学中使用。

第六章　尊法学法守法用法

一、教材分析

（一）教学目的

本章的教学目的是通过本章讲解，使大学生了解法律的一般含义及历史发展；了解社会主义法律的本质特征、作用和运行；了解以宪法为核心的中国特色社会主义法律体系；了解中国特色社会主义法治体系和法治道路；培养法治思维，依法行使法律权利和履行法律义务。教师应引导学生将法学基本理论与法治实践相结合，正确认识各种社会现象，正确理解中国的法制建设进程，自觉尊法学法守法用法，树立对法治的坚定信仰。

（二）教学重点难点

【教学重点】

1. 法律的一般含义。

2. 我国社会主义法律的本质特征、作用及运行。

3. 我国宪法的地位和特征。

4. 我国的实体法律部门、程序法律部门。

5. 中国特色社会主义法治体系和法治道路。

6. 法治思维的内涵及培养方法。

7.依法行使法律权利与履行法律义务。

【教学难点】

1.如何理解我国社会主义法律的本质特征？如何理解我国社会主义法律的运行？

2.如何理解我国宪法的地位和作用？

3.如何理解我国的实体法律部门？如何理解我国的程序法律部门？

4.如何理解中国特色社会主义法治体系和法治道路？

5.如何尊重和维护法律权威，培养法治思维？

6.如何依法行使法律权利与履行法律义务？

（三）基本知识结构

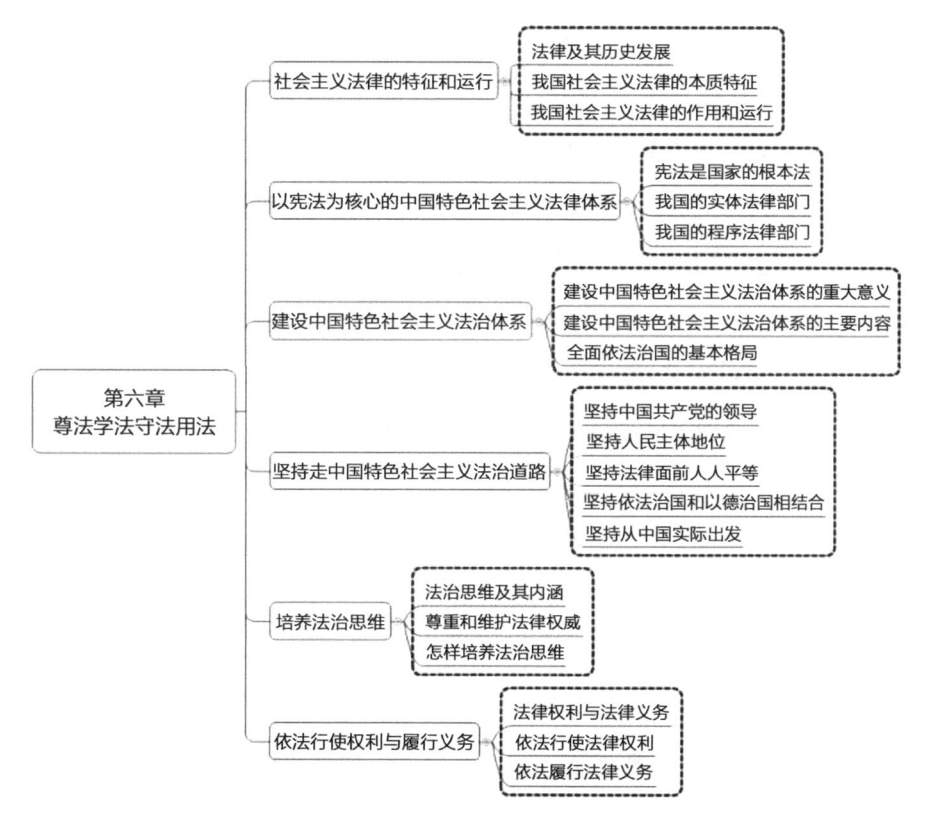

第六章 尊法学法守法用法
- 社会主义法律的特征和运行
  - 法律及其历史发展
  - 我国社会主义法律的本质特征
  - 我国社会主义法律的作用和运行
- 以宪法为核心的中国特色社会主义法律体系
  - 宪法是国家的根本法
  - 我国的实体法律部门
  - 我国的程序法律部门
- 建设中国特色社会主义法治体系
  - 建设中国特色社会主义法治体系的重大意义
  - 建设中国特色社会主义法治体系的主要内容
  - 全面依法治国的基本格局
- 坚持走中国特色社会主义法治道路
  - 坚持中国共产党的领导
  - 坚持人民主体地位
  - 坚持法律面前人人平等
  - 坚持依法治国和以德治国相结合
  - 坚持从中国实际出发
- 培养法治思维
  - 法治思维及其内涵
  - 尊重和维护法律权威
  - 怎样培养法治思维
- 依法行使权利与履行义务
  - 法律权利与法律义务
  - 依法行使法律权利
  - 依法履行法律义务

二、典型案例

【案例1】IT男之死事件

2017年9月8日晚，一封WePhone开发者苏某的"遗书"被曝光并引发大量转发。自称是WePhone开发者苏某的社交媒体账号发布文章表示自己被前妻逼迫："今天我就要走了，App以后无法运营了。"

苏某称自己和前妻翟某通过世纪佳缘认识，结婚前已在前妻身上花了几百万费用。苏某同时表示，前妻以他"有漏税行为和WePhone有网络电话功能是灰色运营"两点来要挟自己，索要1000万元和三亚的房子。

9月9日，苏某的哥哥发布声明称苏某因不堪女方骚扰跳楼身亡且已经报警。记者从警方获悉，死者确实属于跳楼自杀。经家属报案，目前警方正在调查。

据受害者前妻翟某的校友称，大家对她的印象都是：家境优渥、美女学霸、神秘。她的上一段婚姻是在研二期间，也是以闪婚闪离结束，事后还向男方索要了20万分手费！大家都觉得匪夷所思，一个家庭条件优越的女孩，为何要以欺骗和恐吓的方式逼迫一个曾深爱他的IT男呢？

案例来源：网易/IT男之死，到底是社会的险恶还是理工男的悲哀
http：//dy.163.com/v2/article/detail/CU3BBJAS0524DEF7.html

问题思考：
如何看待IT男之死？

案例评析：
市场经济，价值观念的多元化带来了人们选择的困惑。在遇到冲突

时，有些人会采取法律手段，有些人则默默承受。承受的后果轻则吃亏，重则像苏某一样失去生命。

翟某与苏某二人感情破裂后走入离婚程序，翟某以勒索对方财物为目的，利用自己掌握的信息威胁或要挟对方，属于典型的敲诈勒索行为。欠缺法律知识不懂保护自己，使得翟某的行为对苏某来说显然具有绝对的威慑力，甚至击垮了他对生活的信心。

受害者可以说是部分IT男的缩影，纯粹、执着、认真，一心扑在工作上，自动屏蔽外界的纷纷扰扰，也不过多地理会人情世故，甚至不善交际。这是自身的性格缺陷导致的社交困难，学生时代可能还好，一旦进入社会，身边没有朋友可以分担心中烦恼，自己也不懂如何缓解压力，很容易出现心理问题。他选择这样离去，无疑是被疯狂的前妻逼至绝境导致丧失了理智……

教学建议：

此案例可在第六章教学导入中使用。

【案例2】卢恩光行贿案

2018年10月30日上午，安阳市中级人民法院公开宣判司法部原党组成员、政治部主任卢恩光行贿、单位行贿案，对被告人卢恩光以行贿罪判处有期徒刑11年，并处罚金人民币200万元，以单位行贿罪判处有期徒刑2年，并处罚金人民币100万元，决定执行有期徒刑12年，并处罚金人民币300万元；对卢恩光用于行贿的赃款及其孳息，依法予以没收。

经审理查明：1992年至2016年，被告人卢恩光为违规入党、谋取教师身份、荣誉称号、职务提拔及工作调动等，请托多名国家工作人员提供帮助，先后多次给予上述人员共计人民币1278万元。1996年至2016年，被告人卢恩光为其实际控制的山东省阳谷县科仪厂、山东阳谷玻璃工艺制品厂、山东阳谷古阿井阿胶厂及北京天方饭店管理有限公司违规获取贷款、低价收购资产、核定较低税额和破产逃避债务等，请托多名国家工作人员提供帮助，直接或指使企业工作人员先后多次给予上述国家工作人员财物，共计折合人民币796.7597万元。

安阳市中级人民法院认为，被告人卢恩光的上述行为分别构成行贿罪、单位行贿罪，依法应数罪并罚。鉴于卢恩光到案后，能够如实供述自己罪行，主动交代办案机关尚未掌握的部分行贿犯罪事实，认罪悔罪，并检举了多起违纪违法问题线索，具有法定、酌定从轻处罚情节，依法可对其从轻处罚。法庭遂作出上述判决。

案例来源：河南日报客户端/司法部原党组成员、政治部原主任卢恩光行贿、单位行贿案一审宣判

https://baijiahao.baidu.com/s?id=1615747219055874104&wfr=spider&for=pc

问题思考：

如何理解法的本质是统治阶级意志的体现？

案例评析：

法的本质是研究法律无法绕开的一个重要问题。人类对法的本质的认识过程相当漫长，不同时代的思想家和法学家都试图回答这个问题，产生了不同的结论。如神学家将法的本质归结为神的意志，自然法学派则认为法应该代表道德和正义，历史法学派把法说成是民族精神的体现。这些观点都是就法而论法的本质，没有作出科学的回答。

马克思将法放在整个社会环境中去考察，科学地阐述了法的本质，认为法是统治阶级利益的体现。但这个统治阶级的利益要作科学的理解。首先，法所体现的统治阶级利益并不是个别统治者的个人意志，也不是每个统治阶级内部各个成员意志的简单相加，而是统治阶级作为一个整体在根本利益一致基础上所形成的共同意志，是统治阶级内部各个成员的意志相互作用而产生的，它对每个成员的意志都有所吸收又有所舍弃。其次，法律反映统治阶级的意志并不意味着对统治阶级内部成员的犯罪不加约束，因为统治阶级内部成员的违法犯罪会直接威胁到统治阶级的根本利益，侵犯到统治阶级的共同利益，所以对内部成员的犯罪也不会手软或放纵。再次，法律虽然是统治阶级利益的体现，但并不等于说对被统治阶级的利益会丝毫不加考虑。因为统治阶级与被统治阶级是矛盾的两个方面，他们相互依存，相互联系，处于一个共同体中，一方的终结也往往会导致另一方的灭亡。所以在不危及统治者的前提下对被统治阶级的利益也会有一定的让步。

在这个案例中，我们可以看到卢恩光作为司法部党组成员、政治部原主任，他犯罪前的身份很显然是统治阶级的一个成员，但他的行为是把人民和国家赋予的职权当成了为自己谋利的工具，严重危害到我们国家的利益，这是不能允许和接受的，长此以往不加约束国家就会被葬送。所以对卢恩光之流进行惩处恰恰体现了法维护统治阶级利益的功能。

教学建议：

此案例可在第六章第一节"法律的含义"教学中使用。

【案例3】张扣扣杀人案

2018年2月15日，中国农历大年三十中午12时20分许，陕西汉中市南郑区新集镇三门村发生一起杀人案，震惊全国。71岁的村民王自新及其长子王校军、三子王正军被同村村民张扣扣杀死。其中，死者王校军47岁，王正军39岁，凶手张扣扣35岁。

凶杀案发生以后，张扣扣的母亲汪秀萍于1996年在一次冲突中被王正军"故意伤害致死"的往事在网络上再次被不断提起，张扣扣一案在网络上被热议。对于他的这种行为，大家各有各的评判。支持者认为杀母之仇不共戴天，他是为母报仇的英雄，既然法律不能给予公平，那就自己来报仇。反对者认为，不论再怎么样，杀人总是错的，遇事不能用杀人来解决。

2019年1月8日，汉中市中级人民法院以故意杀人罪、故意毁坏财物罪对张扣扣判处死刑。2019年4月11日，陕西省高级人民法院裁定驳回张扣扣的上诉，维持一审死刑判决，并依法报请最高人民法院核准。2019年7月17日，张扣扣被执行死刑。

案例来源：搜狐／"张扣扣案"：宣扬血亲复仇是理性的迷失
http：//www.sohu.com/a/223729120_660023

问题思考：
如何看张扣扣"为母报仇"？

案例评析：
本案之所以受到媒体和社会公众的高度关注，其焦点问题就在于本案和1996年案件的关联性，"为母报仇"是否是其杀人动机？1996年案件是否存在司法不公？这两个问题引起社会大众的广泛关注，而网络上的大多数讨论也是没有任何证据基础的。基于证据和事实的法律判断,才是现代文明社会对于任何不法行为应有的态度。围绕这两个问题,公诉人以本案的事实证据为基础,结合本案特点提出如下意见。

极端自私的个人"恩仇",绝不是凌驾于法律之上的借口和理由。

本案的被告人张扣扣实施其所谓"为母报仇"的杀人行为,是我国刑法严厉禁止的犯罪行为。众所周知,杀人行为根本没有对错之分,法治社会只能用法律的手段来解决矛盾和问题,任何人都无权使用法律之外的手段来惩罚他人。如果人人都把自己当作正义的使者滥用私刑,那么人人都可以枉顾法律,任意犯罪,如此社会秩序如何稳定?社会和谐如何实现?以牙还牙,以暴制暴,只会让社会处于混乱和无序的状态,必须坚决杜绝。如果给连杀三人的张扣扣贴上"为母报仇"的"英雄"标签,那就混淆了一个法治社会基本的是非观念。

更何况本案的被告人张扣扣只是以"替母报仇"为借口,来肆意宣泄自己的压力和生活不如意的怨气。如果每个人在遇到挫折、困难、不快时,不寻求正当合法的途径解决问题,而是违背法律规定、打击报复他人或社会,那还有何安全感可言?在法治社会中,善良公允的行为准则从来都不是快意恩仇,不是个人好恶,而是体现群体共同意志的良法之治。

法治社会的建设,良好秩序的维护,司法公信力的树立,不仅仅需要司法机关的公正司法,也需要大众共同努力和维护,需要大家用理性平和的视角来观察,而不是想当然地提出质疑。例如在本案当中,一些网民轻信被告人张扣扣的父亲张福如、姐姐张丽波在案发后发表的一些与1996年案件真相不符的言论,质疑当时张扣扣母亲案件的不公正,称赞张扣扣的"为母复仇"行为,造成了恶劣的社会影响。

本案例中,在一些人潜意识里,替父报仇、替母报仇就是替天行道,实际上，这都是封建时代的产物。为亲人报仇雪恨又称"血亲复仇"，产生并盛行于原始社会的氏族部落时期。当时，出于一个共同祖先的氏族是社会的基本单位，胞族和部落也是建立在血缘基础上的。因此，在原始社会，人们的各种关系中，血缘关系起着决定性的作用。同一氏族和部落的人，有相互帮助和相互保护的义务，而个人也只有依靠氏族、部落的保护才能生存。当氏族或部落的成员受到外来伤害时，则视为对本氏族或本部落的伤害，就要杀死对方的人员为之报仇，这就是"血族复仇"。到原始社会晚期，被伤害一方则不一定必须杀死对方的成员，可以通过调解，由行凶者所在的氏族或部落用道歉和送厚礼赎罪的办法解决，这种方式称为"同态复仇"。若受害者所在氏族或部落接受这种方式，问题就算解决，否则就将行凶者所在氏族或部落的人杀死，对方无权提出异议。随着氏族的解体和阶级的产生，基于地缘关系的国家组织代替基于血缘联系的氏族部落，"血族复仇"也就随之减少。但在阶级社会，由于血缘关系还起一定作用，"血族复仇"也就以某种形式保留下来。例如，在中国周朝，"父母之仇弗与共天，昆弟之仇弗与共国"，即此习俗的一种表现。古巴比伦的《汉穆拉比法典》和古罗马的《十二铜表法》，明确规定保留"血族复仇"的习俗。

"我终于替母亲报仇了！"这句话听起来似乎如同武侠小说里那样豪迈，但是这只不过是张扣扣在法治社会下，在悲催人生里最后可以想到的最体面的遗言而已！

当前，我国提倡依法治国，任何个人恩怨、任何仇恨都不能凌驾于法律之上，都不能成为张扣扣最终杀人的理由，如果我们放任、鼓励张扣扣这种行为，试问，我们今后出门是否都需要带上头盔，穿上防弹衣？是否要时刻担心万一说错话被报复？

教学建议：

此案例可在第六章第一节"法律的历史发展"教学中使用。

【案例4】承包经营权权属纠纷案

2018年盛夏，青海省海北藏族自治州门源回族自治县，一处海拔3000多米的草场郁郁葱葱、草木繁盛。这里是一起承包经营权权属纠纷的强制执行现场。被执行人一直拒绝履行判决，甚至"以死相逼"。在县法院、乡党委政府、村党委的共同努力下，72岁的执行申请人费婆婆终于拿回了属于自己的700多亩草场。"判决下来后，我还是拿不到判给我的草场，当时愁得慌，现在终于解决了。"费婆婆难抑激动。

采取联合惩戒让失信者"寸步难行"，完善网络查控系统对被执行人财产"一网查尽"，全媒体直播"抓老赖"让诚实守信深入人心，280万失信被执行人自动履行义务……"执行难"，这一司法痛点正得到有效化解，成为新时代法治中国建设的生动写照。

案例来源：新华网/开启全面依法治国新时代——党的十八大以来全面依法治国新成就述评

http://epaper.gmw.cn/gmrb/html/2018-07/15/nw.D110000gmrb_20180715_6-01.htm

问题思考：

在维护正常社会生活秩序方面，法律是怎样发挥作用的？

案例评析：

俗话说"无规矩不成方圆"。规矩就是法律，方圆便是社会，有了规矩，按规矩走便是依法办事，只有依法办事社会才会井然有序，人们才能正常生活，国家才能兴旺。法律从以下方面维护正常的社会生活秩序：

第一，确定权利义务界限，避免纠纷。人类生存所依赖的资源之有限性与人类欲望的无限性之间的矛盾是纠纷冲突的重要原因，而法律则通过确定权利义务的界限，将有限的资源按规模的标准在社会成员之中分配，以定分止争。法律一般以三种形式划定权利义务的界限：一是由法律直接设定权利义务，并赋之以明确的内容。二是法律只提供依据或规定某些标准，由当事人自行设定权利义务并确定具体内容。三是法律设立了权威解释制度。针对一些权利义务模糊之处，依据一定的法律原则进行解释或加以推定，弥补社会生活秩序出现和可能出现的破绽。

第二，以文明的手段解决纠纷。纠纷是难以避免的。鉴于此，社会秩序的建立还必须辅之以解决纠纷的手段，而法则是文明社会里解决纠纷的最重要手段。

国家产生以后，为了避免在相互循环的暴力冲突中造成人身与财产的无谓毁损和社会秩序的动荡，法律逐步以公力救济手段取代私力救济手段，来解决私人纠纷。公力救济主要指司法救济。在现代国家里，私人可以通过一定的司法程序，与对方平等辩论，澄清事实，得到依法作出的裁判，使冲突和纠纷得到缓和和解决。

第三，对社会基本安全加以特殊维护。人身安全、财产安全、公共安全和国家安全等属于社会基本安全，它们是人类社会生活正常进行的最起码条件。此种条件若不能维持，则社会关系的稳定性将被打破，社会将陷于一片混乱，一切秩序都将不复存在了。所以任何国家的法律都对社会基本安全加以特殊的维护。这种法律中最典型的部分即刑法。

教学建议：

此案例可在第六章第一节"我国社会主义法律的本质特征"教学中使用。

【案例5】聊城市环境违法案

2017年4月18日，聊城市环保局东昌府分局执法人员现场检查发现，聊城市惠众金属表面处理有限公司在东昌府区道口铺办事处下堤村从事钢管表面处理，未建设配套的环境保护设施，将未经处理的生产废水直接排入厂区西南角未做防渗的渗坑内。随后东昌府环保分局予以立案调查，该单位的上述行为违反了《中华人民共和国环境保护法》第四十二条第四款和《中华人民共和国水污染防治法》第三十五条之规定。依据《中华人民共和国水污染防治法》第七十六条第（七）项之规定，责令该单位立即停止违法行为，并处罚款五万元。依据《中华人民共和国环境保护法》第六十三条第（三）项和《行政主管部门移送适用行政拘留环境违法案件暂行办法》的规定，将案件移送至聊城市公安局东昌府分局，经公安部门审查决定，对该单位直接责任人高某某行政拘留5日。该公司已于当日将所有的生产设备全部拆除，将厂区进行了平整，恢复了原状。

案例来源：同城播报/聊城市环境违法典型案例

https://baobao.baidu.com/article/7597812669b4cd5e34ba55c19c0283a4.html?lz=0

问题思考：

环保局处罚该公司的行为是否属于法律的运行，为什么？

案例评析：

法律是一个动态发挥作用的过程，社会主义法律的运行是一个从创制、实施到实现的过程。这个过程包括法律制定、法律执行、法律适用和法律遵守等环节，法律执行是其中一个重要环节。法律执行从广义上讲是指国家机关及其公职人员在国家和公共事务管理过程中依照法定职权和程序贯彻和实施法律的活动。广义的法律执行包括法律适用。在狭义上法律的执行指的是国家行政机关执行法律的活动也就是行政执法。一般意义上的法律执行是从狭义上来说的。我国大部分的法律法规是由行政机关执行的，行政执法是最大量、最经常的工作，行政执法必须坚持合法性的原则。

行政执法的主体是国家行政机关及其公职人员，在我国行政执法的主体大体可以分为两类：一是中央和各级地方政府包括国务院和地方各级人民政府，另一类是各级政府中享有执法权的下属行政机构。此外还有法律授权的社会组织、行政机关委托的社会组织可以在授权和委托的范围内行使行政执法的权力。

此案中的县环保局属于各级政府下属的行政机构，是行政执法的主体，享有行政执法的权力。环保局在例行检查的过程中发现该公司偷排污水的行为违反了《中华人民共和国污染防治法》，依法对其进行处罚是法律运行的一个环节，发挥了法律调节社会关系维护社会利益的作用。法律在对该公司进行处罚保护环境的过程中发挥了它的作用。

教学建议：

此案例可在第六章第一节"我国社会主义法律的运行——法律执行"教学中使用。

【案例6】杨某起诉确认亲子关系不存在案

杨先生与侯女士于2000年5月11日登记结婚，婚后侯女士生育两女一子。后双方因感情破裂于2013年3月6日协议离婚。离婚协议约定婚生两女由杨先生抚养，儿子杨某某由侯女士抚养。2014年2月，杨先生在探望杨某某时带杨某某到鉴定机构进行了亲子鉴定，鉴定结论认为杨先生与杨某某不存在亲子关系。鉴于此，杨先生因侯女士违背夫妻忠实义务受到了极大的精神打击，无法接受这个事实，为此诉至法院，请求法院判令确认亲子关系不存在并诉请侯女士返还杨先生抚养费2万元，赔偿精神损失费20万元。

在本案诉讼过程中，杨先生主张确认其与杨某某不存在亲子关系，并提供了相应证据予以初步证明，侯女士对此不予认可，但未提供相反证据予以证明，且又拒绝做亲子鉴定。据此，本院可以推定原告的主张成立。综上，依据《中华人民共和国婚姻法》第四十六条、最高人民法院关于适用《中华人民共和国婚姻法》若干问题的解释（二）第二十七条、最高人民法院关于适用《中华人民共和国婚姻法》若干问题的解释（三）第二条第一款之规定，法院确认杨先生与杨某某不存在亲子关系。

案例来源：110法律咨询网/起诉确认亲子关系

http：//www.110.com/ziliao/article-766395.html

问题思考：

如何理解法律适用？

案例评析：

法律适用是法的运行中的一个重要环节。法的适用又叫作司法适用，通常是指国家司法机关及其公职人员依照法定的职权和程序适用法律处案件的专门活动。在我国法律适用的主体是司法机关：国家检察机关和审判机关。人民检察院代表国家行使法律的监督权，人民法院代表国家行使审判权。其他任何国家机关、社会组织和个人不得行使国家司法权。该案件中，法院依法行使审判权力，对男方起诉确认亲子关系并要求女方进行赔偿一案进行审理，以杨先生提供的证据为根据，以法律为准绳对杨先生与杨某某的关系进行了裁定。这个过程就是法律适用。

教学建议：

此案例可在第六章第一节"我国社会主义法律的运行——法律适用"教学中使用。

【案例7】治理"医闹"要让守法者不吃亏

2019年2月14日15时许，甘某兴和石某英夫妇11个月大的儿子因重症肺炎经人民医院抢救无效死亡。因认定男婴死亡为医院治疗所致，甘某兴和石某英夫妇多次纠集家属到县人民医院大闹，讨要说法，几名男子闯进该院院长办公室不走。调解过程中，甘某夫妇拒不听取院方说明，也不同意依法解决。

2019年2月15日15时许，夫妇二人与近20名家属举着横幅准备从花垣县人民医院到县人民政府游行，给医院和政府施压，在花垣县人民医院门口时，被执勤民警拦下，民警劝说医患双方应理性协商或通过司法途径解决问题，不要做过激行为。后其家属不听劝阻依然前往县政府，在多次劝导无效情况下，被花垣县公安局依法处置，2名主要人员被警方刑事拘留，1人取保候审，6人治安拘留，3人警告处罚。

案例来源：搜狐/健康春城/"医闹入刑"政策解读

http：//www.sohu.com/a/304583745_120055506

问题思考：

如何认识法律遵守？

案例评析：

医生与患者之间的不互信，是医患关系紧张，出现医闹的重要因素之一。由于医疗事故的取证难，诉讼难，无法得到维权的患者对医生及医院产生极大不满，从而组织大批亲朋好友去医院闹事，严重妨碍医院的正常秩序。甚至还出现了专业的医闹团伙，专门针对医院，以"大闹给大钱，小闹给小钱，不闹不给钱"，试图从医院得到利益。此次《刑法修正案九（草案）》的审议过程中，有的常委会组成人员和人大代表提出，实践中个别人以医患矛盾为由，故意扰乱医疗单位秩序，严重侵害医护人员的身心健康，损害社会公共利益，社会危害严重，应当明确规定追究刑事责任。对此，《刑法修正案九（草案）》二审稿将《刑法》第二百九十条第一款修改为："聚众扰乱社会秩序，情节严重，致使工作、生产、营业和教学、科研、医疗无法进行，造成严重损失的，对首要分子和其他积极参加者，追究刑事责任。其中对首要分子，处三年以上七年以下有期徒刑；对其他积极参加者，处三年以下有期徒刑、拘役、管制或者剥夺政治权利。"

将情节严重、造成严重损失的"医闹"行为入刑，有助于严厉打击"医闹"行为，消解"医闹"行为的负面示范效应，防止"以闹取利"等不良风气的滋长，对于保障医患双方的合法权益，为患者创造良好的就医环境，推动预防和处理医患纠纷工作步入法治化、规范化轨道，将产生促进作用。依法治国既需要完善的法律制度，也需要广大公民尊重学法、知法懂法、守法用法。任何时候都要相信法律，牢固树立"任何事情只要是违法的，不管做成什么效果，都是不可行的"法治意识，遇到问题首先从法律角度看一看，习惯于通过法律渠道来解决问题，学会用法律武器来维护自己的合法权益，共同营造一个公平正义的法治大环境。

教学建议：

此案例可在第六章第一节"我国社会主义法律的运行——法律遵守"教学中使用。

【案例8】2004年，人权入宪

2004年3月14日16时54分人民大会堂。"赞成2863票，反对10票，弃权17票。"工作人员宣读表决结果。"通过。"吴邦国委员长宣布。人民大会堂内响起热烈的掌声。《宪法修正案》在十届全国人大二次会议上高票通过。从此"国家尊重和保障人权""尊重和保障人权"成为重要的宪法原则并由此开创了人权法制保障的新时代。

案例来源：检察日报/2004年，人权终于走进宪法

http://www.jcrb.com/n1/jcrb1646/ca705402.htm

问题思考：

如何理解人权入宪？

案例评析：

在我们国家人权一度是一个禁区。在新中国成立以后相当长时期内，不仅在宪法和法律上不使用人权概念，而且在思想理论上将人权问题视为

禁区。特别是"文革"时期受极"左"思潮的影响，人权被当成资产阶级的东西加以批判，在实践中也导致了对人权的漠视和侵犯。改革开放以后共产党提出了建设中国特色社会主义的理论，为正确认识人权问题提供了理论依据。1985年6月6日针对国际敌对势力以人权为借口对中国的攻击，邓小平指出："什么是人权？首先一条是多少人的人权？是少数人的人权还是多数人的人权或者全国人民的人权？西方世界的所谓'人权'和我们讲的人权本质上是两回事，观点不同。"（《邓小平文选》第3卷第125页）

1991年11月1日国务院新闻办公室发表《中国的人权状况》白皮书，这是中国政府向世界公布的第一份以人权为主题的官方文件。以"生存权是中国人民的首要人权"等基本观点为线索鲜明地树立起中国的人权观。

1997年9月党的十五大召开，首次将"人权"概念写入党的全国代表大会的主题报告。"人权"概念首次被写入党的全国代表大会的正式文件上，"尊重和保障人权"被明确作为共产党执政的基本目标，纳入党的行动纲领之中，同时作为政治体制改革和民主法制建设的一个重要主题，纳入中国改革开放和现代化建设的跨世纪发展战略之中。2002年11月党的十六大再次在主题报告中将"尊重和保障人权"确立为新世纪新阶段党和国家发展的重要目标，重申在"政治建设和政治体制改革"中要"健全民主制度，丰富民主形式，扩大公民有序的政治参与，保证人民实行民主选举、民主决策、民主管理、民主监督，享有广泛的权利和自由，尊重和保障人权"。

2004年修宪将"国家尊重和保障人权"写入宪法，首次将"人权"由一个政治概念提升为法律概念，将尊重和保障人权的主体由党和政府提升为"国家"，从而使尊重和保障人权由党和政府的意志上升为人民和国家的意志，由党和政府执政、行政的政治理念和价值上升为国家建设和发展的政治理念和价值，由党和政府文件的政策性规定上升为国家根本大法的一项原则。

将尊重和保障人权作为治国原则写入宪法，是对社会主义建设理论和实践的一大创新,是对马克思主义的丰富和发展。它符合当代中国的实际和世界的潮流,体现了共产党对执政规律、社会主义建设规律和人类社会发展规律的新认识,是在政治理念上体现时代性、把握规律性、富于创造性的一个重要表现。

教学建议:

此案例可在第六章第二节"我国宪法的形成和发展"教学中使用。

【案例9】宪法宣誓制度

"我宣誓:忠于中华人民共和国宪法,维护宪法权威,履行法定职责,忠于祖国、忠于人民,恪尽职守、廉洁奉公,接受人民监督,为建设富强民主文明和谐美丽的社会主义现代化强国努力奋斗!"

2018年3月17日,十三届全国人大一次会议在北京人民大会堂举行第五次全体会议。新当选为中华人民共和国主席、中华人民共和国中央军事委员会主席的习近平进行了宪法宣誓。

案例来源:中国共产党新闻网/宪法宣誓彰显宪法权威弘扬宪法精神
http://theory.people.com.cn/n1/2018/0317/c40531-29873372.html

问题思考:

如何理解宪法宣誓制度?

案例评析:

作为一项制度设计,宪法宣誓制度在2014年10月召开的十八届四中全会已经提出。这次全会通过的《中共中央关于全面推进依法治国若干重大问题的决定》明确提出：建立宪法宣誓制度，凡经人大及其常委会选举或者决定任命的国家工作人员正式就职时公开向宪法宣誓。

习近平总书记在《关于〈中共中央关于全面推进依法治国若干重大问题的决定〉的说明》中指出，宪法宣誓制度有利于彰显宪法权威，增强公职人员宪法观念，激励公职人员忠于和维护宪法，也有利于在全社会增强宪法意识、树立宪法权威。

2015年7月1日，十二届全国人大常委会第十五次会议以立法形式作出了关于宪法宣誓的决定。明确规定，各级人大及县级以上各级人大常委会选举或者决定任命的国家工作人员，以及各级人民政府、人民法院、人民检察院任命的国家工作人员，在就职时应当公开进行宪法宣誓。

国家工作人员在任职时向宪法宣誓，通过仪式增强了被任命者对于法律的尊重感和认同感，从而有助于公职人员信仰宪法、敬畏宪法，自觉推进宪法的实施、忠实履行宪法赋予的职责。面向国旗国徽、奏唱国歌，左手抚按宪法、右手举拳，诵读誓词，这一庄严的宣誓过程不仅是一种仪式，更是一份责任、一种担当，是向人民作出庄严承诺的过程。

教学建议：

此案例可在第六章第二节"我国宪法的形成和发展"教学中使用。

【案例10】如何理解民法典开启我国公民权利保护新时代

2020年5月28日，十三届全国人大三次会议表决通过《中华人民共和国民法典》，宣告中国"民法典时代"正式到来。作为社会生活的百科全书，民法典几乎囊括人的一生中所有民事行为，结婚、离婚、继承、收养等人生大事，物业服务、饲养动物等生活琐事，都可以在民法典中找到依据。媒体称民法典开启我国公民权利保护新时代，民法典是人民权利的宣言书。5月29日下午，习近平总书记主持中共中央政治局第二十次集体学习时指出，民法典在中国特色社会主义法律体系中具有重要地位，是一部体现对生命健康、财产安全、交易便利、生活幸福、人格尊严等各方面权利平等保护的民法典，对坚持以人民为中心的发展思想、依法维护人民权益、推动我国人权事业发展，对推进国家治理体系和治理能力现代化，都具有重大意义。

案例来源：人民政协网/杨绍华：新时代保护人民民事权利的宝典

http://www.rmzxb.com.cn/c/2020-06-06/2589630.shtml

问题思考：

如何理解民法典开启我国公民权利保护新时代？

案例评析：

党的十九大报告明确提出，要保护人民人身权、财产权、人格权。编纂民法典，是增进人民福祉、维护最广大人民根本利益的必然要求。健全和充实民事权利种类，形成更加完备的民事权利体系，完善权利保护和救济规则，形成规范有效的权利保护机制，有利于更好地维护人民权益，不断增加人民群众获得感、幸福感和安全感，促进人的全面发展。

作为"社会生活的百科全书"，民法典与人民群众的生活息息相关，既是人民权利的宣言书，更为维护人民权益织密的防护网。民法典紧紧围绕着人的权利而编纂，大到财产权、人格权、婚姻家庭、继承的规定和保护，小到人体基因和人体胚胎医学科研、个人隐私、离婚冷静期、高空抛物、高铁霸座等社会关切的问题，作出明确具体的法制回应。这充分体现了"民有所呼、法有所应"的精神，充分体现了一个重要立法原则，即坚持以人民为中心，以保护民事权利为出发点和落脚点，切实回应人民的法治需求，更好地满足人民日益增长的美好生活需要，充分实现好、维护好、发展好最广大人民的根本利益，使民法典成为新时代保护人民民事权利的好法典。正因如此，民法典被称为社会生活的"百科全书"、民众权利的"宣言书"、市场经济的"基本法"。

民法典全面聚焦回应新时代人民群众法治需求和经济社会热点难点问题。比如，在互联网、大数据的背景下，对加强个人信息保护、对保护网络虚拟财产作出规定，细化网络侵权责任；针对生态文明建设中出现的新问题，明确生态环境损害的修复和赔偿规则；针对疫情期间家长隔离在外、孩子在家无人照料等紧急情况，进一步完善监护制度，为孩子们提供更多保障；针对见义勇为者"流血又流泪"的问题，通过法律形式为见义勇为者"撑腰"；等等。全面加强了对公民人身权、财产权、人格权的保护，形成更加规范有效的权利保护机制，充分彰显了以人民为中心、立法为民的理念。

民法典将人格权独立成编，是本次民法典编纂的亮点之一。民法典单独设立人格权编，阐明了人格权的内容，对生命权、健康权、名誉权、隐私权等民事主体享有的各项具体人格权进行规范。民法典规定自然人的人格尊严和人身自由受法律保护，将其作为民事主体的基本权利，有利于满足新时代人民群众日益增长的美好生活需要。

一个人在一生中不一定会与刑法打交道，但总要参与各种民事交往活动。民法典进一步完善了我国民商事领域各项基本法律制度和行为规则，为百姓民商事活动提供了明确的基本遵循，是百姓安居乐业的法律遵循。有了这一规范，每个人的尊严就能得到尊重，权利就能得到保护，生活就会更加幸福。这部镌刻和保护人民权利的法典，将深刻影响全中国14亿人的生活。

教学建议：

此案例可在第六章第二节"民法"教学中使用。

【案例11】民法中的公平原则

甲在一栋居民楼楼下的花坛里坐着休息，被居民楼上抛出的一物体砸中，受了轻伤，花去医药费若干元。居民楼所有住户无人承认是自己所为，而从现场的情况可以肯定是居民楼中的某户居民所为，法院根据公平责任原则最后判定，事发当时所有开着窗户的住户平均分担甲的费用。有人对该判决提出质疑，这事本来和他们一点关系都没有，平白无故要赔钱，对这些人而言，法律的公平体现在哪里呢？

案例来源：百度文库 / 公平原则案例

https://wenku.baidu.com/view/a20fba4177eeaeaad1f34693daef5ef7bb0d12d5.html

问题思考：

如何理解民法中公平原则的适用？

案例评析：

民法是我国法律体系中一个非常重要的法律部门，它是调整平等主体的公民之间、法人之间、公民和法人之间的财产关系和人身关系的法律规范。它的基本原则有平等、自愿、公平、诚信、绿色和公序良俗。本案适用公平责任原则是符合该原则的立法精神的，是正确的。

公平责任原则又称衡平责任，是指当事人在对造成损害均无过错的情况下，法律又无特别规定适用无过错原则时，由人民法院根据公平的观念，考虑当事人的财产状况及其他情况的基础上，责令加害人或受益人对受害人的财产损失给予适当补偿，由当事人公平合理地分担损失的一种归责制度。用公平原则解决侵权纠纷有利于保护行为人的合法权益，有利于促进社会对维护社会公共利益和他人利益行为的认同和尊重，倡导新的道德风尚。适用公平原则解决侵权纠纷是有法律依据的。《民法总则》第六条的规定：民事主体从事民事活动，应当遵循公平原则，合理确定各方的权利和义务。《民法通则》第一百三十二条规定：当事人对造成损害都没有过错的，可以根据实际情况，由当事人分担民事责任。

本案中，当事人甲因高楼抛物受伤，在无法确定侵权人的情况下，人民法院依据公平原则判定当时所有开着窗户的住户平均分担甲的费用，是以牺牲小公平成全大公平的方法。

教学建议：
此案例可在第六章第二节"民法"教学中使用。

【案例12】行车要文明　不做"喇叭党"

2015年3月的一天，周某驾车应朋友之邀去饭店参加聚会，在进入饭店的人行道后，有一个老人正在人行道蹒跚而行，周某嫌老人赵某走得过慢而未及时避让，便冲赵某猛按喇叭。不巧的是，因地面有冰再加上赵某被喇叭的声响吓得心情紧张，一下摔倒在了地上，造成左侧胯骨骨折，因伤产生各项费用18000元。赵某的家人向法院提起诉讼，要求对赵某受伤产生的费用予以赔偿。

法院审理后认为，该案不属于适用无过错责任的特殊侵权案件，双方均无过错。但就案件存在的事实来说，行为人周某的鸣笛行为与赵某损害的发生之间存在因果关系，因此依照民法的公平原则判决周某赔偿赵某15000元。

案例来源：搜狐 / 行车要文明 不做"喇叭党"

http://www.sohu.com/a/86987027_386903

问题思考：

如何理解民法的公平原则？

案例评析：

民法是我国法律体系中一个非常重要的法律部门，它是调整平等主体的公民之间、法人之间、公民和法人之间的财产关系和人身关系的法律规范。它的基本原则有自愿原则、公平原则、诚实原则和公序良俗原则。

在此案件中，周某和赵某都属于中华人民共和国公民，他们的地位是平等的。周某的行为给赵某的人身健康带来了损害，侵害了公民的生命健康权。因为双方都没有过错，所以法院适用了公平原则。

我国《侵权责任法》第二十四条规定："受害人和行为人对损害的发生都没有过错的，可以根据实际情况由双方分担损失。"可见一般情况下驾驶员鸣笛惊吓到行人，致行人摔倒受伤，因双方没有过错则适用公平原则，由当事人分担损害后果。所以，驾驶员在驾车过程中不能随心所欲鸣笛，鸣笛时尽可能距离行人远一点，鸣笛时间早一点，鸣笛声强度低一点，最大限度避免行人受到惊吓。否则如果行人摔倒受伤与驾驶员的鸣笛有因果关系，即使驾驶员没有过错也要承担相应的损失。

教学建议：

此案例可在第六章第二节"民法"教学中使用。

【案例13】"网络虚拟财产"受不受法律保护

被告人袁某骗取被害人的游戏账号和密码，欺骗3名被害人向各自游戏账户充值人民币共计2万余元，随后将被害人游戏账户内的游戏币及游戏装备转移至自己账户。法院以盗窃罪判处袁某有期徒刑十个月，缓刑一年，并处罚金人民币3万元。

案例来源：搜狐/放心签电子合同/刘苏雅：民法典出台，再出现这样的纠纷就有据可依了！

https://www.sohu.com/a/400069627_120338132

问题思考：

网络虚拟财产如何受法律保护？

案例评析：

随着数字经济的普及，支付宝的账号、网游里的各式装备、网上店铺，这些网络中的事物已不单纯只是一串数据编码的组合，而是能产生实际的价值的网络虚拟财产。他们都是基于网络产生且只存在于网络空间中的。数字时代，人们的互联网生活日益丰富，也期待自己的"线上财产"

能够得到更好保护。民法典明确规定，法律对数据、网络虚拟财产的保护有规定的，依照其规定。民法典的这一规定，明确了虚拟财产属于民事权利的一种，具有广泛的针对性和适用性。

网络虚拟财产与传统的财产形态相比存在较大的差异，网络虚拟财产权利的公示方法、权利的移转等均与现实世界的财产不同。民法典的这一规定，也为今后对数据、网络虚拟财产的专门立法奠定了基础。

由于虚拟财产本质上是电子数据，而数据是容易修改、变动的，人为干预也比较容易，因此虚拟财产的交易与日常生活中的财物有着截然不同的特点。随着《中华人民共和国民法典》的颁布实施，以及民商事法律对虚拟财产的规定不断细化，符合法律规定的网络虚拟财产，就能和普通的财物一样，成为买卖、赠予或者继承的对象。

教学建议：

此案例可在第六章第二节"民法"教学中使用。

【案例14】上海市海关行政处罚案

海口市陈某驾驶货轮在我国内海航运时，被上海市海关查获，货轮上载有我国禁止进口的货物。上海市海关对该货轮作出处罚决定：该货轮载有国家禁止进口的货物，无合法证明，认定该货物为走私货物，依海关法给予该货轮罚款2万元，拘留10日，并没收上述走私货物。陈某以处罚决定认定事实不清、证据不足为由，向海关总署申请复议，请求海关总署撤销该处罚决定。海关总署经复议，决定除没收走私物品予以维持外，罚款改为5万元，并决定对陈某处以15日的拘留。

案例来源：百度 / 行政法案例分析

https ://wenku.baidu.com/view/21a8eacb4693daef5ef73d3f.html

问题思考：

如何理解行政法的调整对象？

案例评析：

行政法是关于行政权的授予、行政权的行使以及对行政权监督的法律规范，调整的是行政机关与行政管理相对人之间因行政管理活动发生的关系。

此案例中陈某是行政管理的相对人，上海市海关是行政管理机构。行政管理关系是行政主体在行使行政职权过程中与行政相对人发生的各种关系。本案中，因行政管理活动发生的法律关系包括处罚关系和复议关系。

因为陈某驾驶的货轮上载有我国禁止进口的货物，违反了我国《海关法》的规定，上海市海关对陈某的货轮进行检查并处罚是行使行政管理权，符合法律的规定。同时为了防止和纠正违法的或者不当的具体行政行为，保护公民、法人和其他组织的合法权益，保障和监督行政机关依法行使职权，我国《行政复议法》规定：公民对行政机关的行政处罚有异议时可以向上级行政机关申请复议。本案中陈某以处罚认定事实不清、证据不足为由向海关总署申请复议是行使复议权。

教学建议：

此案例可在第六章第二节"行政法"教学中使用。

【案例15】中国足球协会是否有执法权

2001年10月16日,中国足球协会对长春亚泰足球队进行了处理,剥夺其甲A的升级资格,该队最后一轮甲B联赛的上场队员被禁赛1年,主教练被禁止担任教练1年。

相关法律规定:《中华人民共和国体育法》规定,国家队体育竞赛实行分级管理。全国单项体育竞赛由该项运动的全国性协会管理。

案例来源:刚子的博客/从法律角度看"剥夺长春亚太升甲A资格"是否合法

http://blog.sina.com.cn/s/blog_4b20f1590100ba6f.html

问题思考:

中国足协是否具有行政主体资格?对本案是否有执法权?

案例评析:

根据我国《行政处罚法》的规定,依法可以实施行政处罚的主体包括行政机关实施行政处罚、授权实施行政处罚法律、法规授权的具有管理公共事务职能的组织,可以在法定授权范围内实施行政处罚、委托实施行政处罚。该案涉及的问题是,中国足协的性质主要是行业协会而不是行政机关,中国足协的行为主要是根据国际足联和自己的章程作出的,那么,中国足协是否具有行政主体资格?

根据行政诉讼法的相关规定,行政机关及其工作人员作出的侵犯相对人权益的具体行政行为属于司法审查的对象。法律并没有明确规定其他机关或组织作出的管理行为是否也可以接受司法审查。但是,从行政法法理以及实践来看,不具有行政机关身份的组织由于法律、法规的明确授权也可以称为行政管理者，从而具备行政主体资格。

本案中的中国足协，虽然属于社会团体法人，不享有一般行政管理权，但是《中华人民共和国体育法》规定："国家对体育竞赛实行分级管理。全国单项体育竞赛由该项运动的全国性协会负责管理。"从法理上讲，中国足协属于受到法律授权的社团组织，应该在授权范围内行使权利，由此带来的损害后果，相对人可以提起行政诉讼而非民事诉讼。

本案折射出国家权力干预与市民社会自治的关系问题。中国足协属于行业自律组织，有权根据章程的规定作出处罚行为。但是，作为自律产物的足协章程同样不能违反法律、法规的规定，这是行业协会开展活动的基本前提。在我国公共行政演进过程中，原来属于国家行政管理的领域，逐步让位于一些社会团体、事业单位去管理，但这并不意味着这些行业协会完全独立于国家权力之外，更不意味着它们与相对人的关系是平等的民事关系。在法律授权范围内行使的权力，仍然属于行政主体所为，仍有执法权。从法理上讲，部分公共事务由社会组织承担由其管理后，这些自治组织仍没有脱离国家的监控和授权，在实践中，一方面要尊重社会组织的自治权，将具体事务的处理让予该组织；另一方面，针对一些重要的管理行为，应当有一定的法律规范，在任何时候，行业组织的管理权来自国家法律的明确授权，并且不能超越国家的法律规定。

教学建议：

本案例可以在第六章第二节"行政法"教学中使用。

【案例16】某建筑公司的低价中标案

2016年初,某市决定兴建一条连接本市两河岸交通的大桥,采取招标方式选择承包商。某建筑公司为保证能以最低的标价中标,多方寻找能获得其他建筑公司投标价的机会。在得知负责本次招标的赵晓山是本公司一职员李某的大学同学后,该公司领导让李某去说情,并承诺如果该公司能够获得承包权的话,就给李某1万元的好处费、赵晓山10万的好处费。李某去找赵晓山,赵晓山答应帮忙并在投标截止日前一天把其他建筑公司的投标价和投标文件等信息泄露给了该公司,据此该建筑公司以低于上述最低投标价1.5万元和其他更优惠的条件在投标截止最后期限前递交了投标书。在评标、决标过程中赵晓山利用其负责人的地位对评标委员会其他成员施加影响,使该建筑公司最终获得了该大桥的施工合同。其他建筑公司对此事很是不满意,举报到工商行政部门。工商行政管理部门进行了仔细的调查取证,经查证:其他建筑公司反映的情况属实,依《反不正当竞争法》第十四条、第二十七条判定该中标无效并对该建筑公司处以20万元人民币的罚款。将受贿的赵晓山和行贿的李某及该建筑公司有关人员移送司法机关处理。

案例来源:百度文库/案例——反不正当竞争法

https://wenku.baidu.com/view/aeb229310a4e767f5acfa1c7aa00b52acec79c77.html

问题思考:

如何理解《反不正当竞争法》的作用?

案例评析：

经济法是我国法律体系中一个重要的法律部门。它是国家从社会整体利益出发对经济活动实行干预、管理或者调控的法律规范，是国家对市场经济进行适度干预和宏观调控的法律手段和制度框架，主要目的是降低市场经济的自发性和盲目性带来的消极影响。《反不正当竞争法》的制定就是为了给市场主体营造一个公平竞争的环境促进经济的发展。

本案中的建筑公司本来应该依靠自己的实力给招标公司提供性价比高的产品与其他建筑公司公平竞争，但它却使用了不正当手段窃取其他公司的标书，构成了不正当竞争行为，损害了市场公平竞争的法则，所以要承担相应的法律责任。第一，该建筑公司的行为已经构成不正当竞争。我国《反不正当竞争法》第十五条规定："投标者不得串通投标抬高标价或者压低标价。投标者和招标者不得相互勾结以排挤竞争对手的公平竞争。"而本案中的建筑公司利用其职员李某与招标的赵晓山之间的同学关系相互勾结，排挤其他投标者，致使其他投标者失去中标机会，已构成不正当竞争。第二，该建筑公司应当承担相应的法律责任。我国《反不正当竞争法》第二十七条规定："投标者串通投标抬高标价或者压低标价；投标者和招标者相互勾结以排挤竞争对手的公平竞争的其中标无效。监督检查部门可以根据情节处以1万元以上20万元以下的罚款。"因此建筑公司的中标无效，工商管理部门对其进行了20万的罚款，李某和赵晓山及其单位负责人涉嫌犯罪被移送司法机关。

教学建议：

本案例可以在第六章第二节"经济法"教学中使用。

【案例17】丛某与威海日报社劳动纠纷案

2002年6月,丛某在某区范围内征订、投递威海日报社(系事业单位法人,与丛某未签订劳动合同)发行的报刊,威海日报社每月向丛某发放报酬,丛某参与员工考核。2007年12月,威海日报社为明确用工关系,单方决定将报刊发行劳务按区域实行承包,与从事报刊投递工作的人员签订劳务承包协议。其中,威海日报社将草庙子镇范围内的报刊发行劳务发包给丛某,要求丛某签订报刊发行劳务承包协议书,丛某予以拒绝。2009年3月,威海日报社不允许丛某从事报刊投递工作,并停止向丛某支付报酬。该案经劳动争议仲裁委员会裁决,认定丛某、威海日报社之间不存在劳动关系。而后,一审、二审、再审法院均驳回丛某的诉讼请求。丛某不服,向检察机关申请监督。最高人民检察院认为,再审法院认定事实缺乏证据证明,适用法律确有错误;依据《关于确立劳动关系有关事项的通知》规定,应认定丛某与威海日报社构成事实劳动关系。最终最高人民法院认为丛某的工作以家庭为单位,自备投递交通工具,完成威海日报社交给的投递任务,且根据投递报刊的份数确定报酬数额,未达劳动关系的认定标准,故维持山东省高级人民法院判决。

案例来源:中国劳动和社会保障网/2018年度社会法最具影响力案例盘点
http://www.clsslaw.cn/article/?id=8016

问题思考:

如何理解事实劳动关系?

案例评析:

本案中最高人民法院对《关于确定劳动关系有关事项的通知》的适用

效力进行了确认，明确了部门规范性文件不能作为法院审理案件的直接依据。最高人民法院对劳动关系的边界进行了明晰，确认以家庭为单位，自备工具，以工作完成数额确定报酬未达到劳动关系的认定条件。该案无论对于下级法院明确部门规范性文件在案件审理中的地位还是对事实劳动关系的认定皆具有极大的参考价值。

教学建议：

此案例可在第六章第二节"社会法"教学中使用。

【案例18】阿里巴巴与丁某劳动纠纷案

丁某为阿里巴巴公司员工。其在职期间，通过电子邮件向阿里巴巴公司请病假两周，公司予以批准。于是丁某在其病假期间前往巴西。随后，阿里巴巴公司便向丁某送达解除劳动合同的通知，认为其提出两周病假全休申请后当日即赴巴西出境旅游，属于提供虚假申请信息、恶意欺骗公司的行为，严重违反公司规章制度。劳动仲裁与法院的一审、二审判决均撤销阿里巴巴公司对丁某作出的解除劳动合同决定，双方继续履行劳动合同。直至再审，北京市高院判决认为丁某拒绝向公司提供真实信息，违背诚信原则和企业规章制度，对用人单位的工作秩序和经营管理造成恶劣影响，故阿里巴巴公司与其解除劳动合同合法有效。

案例来源：中国劳动和社会保障网/2018年度社会法最具影响力案例盘点
http://www.clsslaw.cn/article/?id=8016

问题思考：

如何解除劳动合同？

案例评析：

本案历时4年，直至2017年底由北京高院再审结案，而后在2018年引发了社会各界的热烈讨论。高院通过认定违反诚实信用原则路径，认定劳动者违反企业规章制度，在平衡劳资双方利益上具有积极意义。当前由"诚实信用"引发的劳动争议案件数量呈上升趋势，更成为制约劳动关系和谐的因素之一。诚实信用原则是劳动合同法的基本原则之一，但长期以来并未受到实务部门的足够重视。劳动合同也具有契约自由、诚实信用的基本属性，鼓励劳资双方互相信任，避免欺诈、隐瞒等行为，由此方能建立长期稳定的劳动关系。

教学建议：

此案例可在第六章第二节"社会法"教学中使用。

【案例19】张成见死不救行为是否属于犯罪

被告人张成，27岁，系三代单传，与杨某结婚后生一女孩。张成为此深感不满常常夜不归宿。张成两次向法院提出离婚诉讼均被驳回。2013年9月16日张成同他人的奸情被杨某发觉后夫妻间开始发生争吵。当天下午杨某买回一瓶农药喝下去后对丈夫张成说："我喝农药了。"张成说："喝药了你怎么不去医院？"说罢带着孩子关上房门到院子里玩。20分钟后张成返回屋内取东西发现屋内农药味很浓，杨某口吐白沫。张成情知不妙便将女儿放在母亲处，谎称有事外出与情人私奔外地躲藏。当晚张成的母亲送回孩子时发现杨某已经死亡。经法医鉴定"杨某为氧化乐果中毒死亡"。当天张成往家里打电话证实杨某已中毒死亡，于是携情人四处躲藏。

案例来源：搜狐新闻/妻子服毒，丈夫见死不救还与情人私奔
http://news.sohu.com/20080724/n258343209.shtml

问题思考：
张成的行为是否属于犯罪，应该承担什么责任？

案例评析：
本案中，被告人张成的行为构成故意杀人罪，应该负刑事责任。被告人张成符合刑法所规定的犯罪构成要件。

犯罪构成，又称为犯罪构成要件，依照《中华人民共和国刑法》规定，决定某一具体行为的社会危害性及其程度，为该行为构成犯罪所必需的一切客观和主观要件的有机统一，是使行为人承担刑事责任的根据。任何一种犯罪的成立都必须具备四个方面的构成要件，即犯罪主体、犯罪主观方面、犯罪客体和犯罪客观方面。

1. 犯罪主体

犯罪主体是指实施危害社会的行为，依法应当负刑事责任的自然人或单位。自然人主体是指达到刑事责任年龄、具备刑事责任能力的自然人。

刑事责任年龄是指法律规定行为人应负刑事责任的年龄，根据人的生理与心理发展成熟度及社会化水平确定。我国刑法规定：（1）已满16周岁的人犯罪，应负刑事责任，为完全负刑事责任年龄。（2）已满14周岁，不满16周岁的人犯故意杀人、故意伤害致人重伤或者死亡、强奸、抢劫、贩卖毒品、放火、爆炸、投放危险物质的，应当负刑事责任。即为相对负

刑事责任年龄阶段。这一年龄段的人只对部分严重犯罪负刑事责任。(3)不满14周岁，无论实施何种危害社会的行为，都不负刑事责任，为完全不负刑事责任年龄。(4)已满14周岁不满18周岁的人犯罪应当从轻或减轻处罚。不满16周岁，而不予处罚的，责令其家长或监护人加以管教，必要时可由政府收容教养。

刑事责任能力，是指行为人对自己行为的辨认能力与控制能力。辨认能力，是指行为人认识自己特定行为的性质、结果与意义的能力；控制能力，是指行为人支配自己实施或者不实施特定行为的能力。不具备刑事责任能力者即使实施了危害社会的行为，也不能成为犯罪主体，不能被追究刑事责任；刑事责任能力减弱者，其刑事责任相应地适当减轻。对于一般公民来说，只要达到一定的年龄，生理和智力发育正常，就具有了相应的辨认和控制自己行为的能力，从而具有刑事责任能力。但有的人因患病等原因会丧失或减弱刑事责任能力。

2. 犯罪主观方面

犯罪主观方面是指犯罪主体对自己危害行为及其危害结果所持的心理态度。行为人的罪过（包括故意和过失）是一切犯罪构成都必须具备的主观方面要件，有些犯罪的构成还要求行为人主观上具有特定的犯罪目的。

犯罪主观方面主要包括三个方面的内容：

(1) 犯罪故意和犯罪过失，合称罪过。犯罪故意，是指行为人明知自己的行为会发生危害社会的结果，并且希望或者放任这种结果发生的主观心理态度。如果仅有危害社会的行为及其结果，而没有犯罪故意或者犯罪过失的，属于意外事件，不构成犯罪。犯罪过失，是指行为人应当预见自己的行为可能发生危害社会性的结果，因为疏忽大意而没有预见，或者已经预见而轻信能够避免，以致发生了危害社会的结果的主观心理态度。

(2) 犯罪目的和犯罪动机。犯罪目的，是指行为人希望通过自己所实施的犯罪行为达到某种危害社会结果的心理态度，即某人对某种危害结果所持的希望、追求的心理。只有直接故意，才能具有犯罪目的。犯罪动机，是指刺激行为人实施犯罪行为以达到犯罪目的的内在冲动或者内心起因，目的则是行为人在一定的动机推动下希望通过实施某种行为来达到某种结果的心理态度。我国刑法对犯罪动机没有明文规定，因此，它不是犯罪构成的必备要件。但是，我国刑法分则不少条文规定了情节严重，情节恶劣或情节轻微，犯罪动机无疑是能说明情节的重要因素之一。

（3）认识错误。刑法上的认识错误，是指行为人对自己行为的法律性质和事实的认识错误。这属于犯罪主观方面的特殊问题，主要是解决行为人主观上对自己行为的法律性质和事实情况发生误解时的刑事责任。研究刑法上的认识错误，对于正确地认定行为人罪过的有无及强弱，进而确定刑事责任的有无及大小具有极为重要的意义和作用。

3. 犯罪客体

犯罪客体，是指刑法所保护而为犯罪所侵犯的社会主义社会关系。确定了犯罪客体，在很大程度上就能确定犯的是什么罪和它的危害程度。如果行为人侵害的不是刑事法律保护的社会关系，而是民事法律或行政法律保护的社会关系，这种行为不能构成犯罪，行为人也不负刑事责任，而负民事责任或行政责任。

4. 犯罪客观方面

犯罪客观方面是刑法规定的具有社会危害性应受刑法处罚的行为，以及由此行为造成或可能造成的危害社会的结果。在某些犯罪中还包括实施犯罪的时间、地点等因素。犯罪客观方面是指犯罪活动的客观外在表现，包括危害行为、危害结果。任何犯罪，必然以一定的行为表现出来，如果只有犯罪思想而无犯罪行为，不能认为是犯罪。

犯罪构成有助于区分罪与非罪、此罪与彼罪，对准确、合法、及时地同犯罪作斗争，切实有效地保障公民的合法权益，保障无罪者不受非法追究，具有重要意义。

本案中，被告人张成的行为构成故意杀人罪，应该负刑事责任。

（1）从主观上看，被告人张成是达到刑事责任年龄、具备刑事责任能力的自然人，符合犯罪主体构成要件。

（2）故意杀人既可表现为积极作为的形式，也可以表现为消极不作为的形式。不作为形式的故意杀人以行为人对防止被害人的死亡负有特定的义务为前提。本案被告人张成与被害人杨某系夫妻关系，有法定的相互扶助的义务，被害人杨某因被告人与情妇通奸被发现而一气之下喝剧毒农药。被告人张成作为杨某的丈夫，对防止杨某的死亡负有特定的救助义务，却置这种义务于不顾，对杨某的死亡放任不管，以致失去抢救时机，造成杨某中毒死亡的后果。这是一种以消极不作为表现出来的非法剥夺他人生命的间接故意。

（3）从主观上讲，间接故意是指明知自己的行为可能发生危害社会的结果并放任这种结果发生的心理态度，是认识因素与意志因素的统一。本案中被告人张成在认识方面明知自己不救助已服毒的妻子她就可能发生死亡的结果，在意志方面表现为对杨的死亡采取听之任之的态度。虽然张成不像直接故意杀人那样积极追求杨某死亡结果的发生，但他作为杨某丈夫，在此特定情形之下不阻止死亡结果的发生，具有间接故意剥夺他人生命的主观心理。

综上所述，被告人张成的行为具备故意杀人罪的主客观要件，应负故意杀人罪的刑事责任。

教学建议：

本案例可在第六章第二节"刑法"的教学中使用。

【案例20】盗窃行为是否一定构成犯罪

被告人乔甲因家中人多房少不能住，于2013年6月到其叔乔乙家借宿。同年9月28日，乔甲在叔乔乙家午睡后，闲着无事，想找本杂志翻阅，就随手拉乔乙忘了上锁的书桌抽屉，发现内有一叠崭新的10元面值人民币，乔甲顿起贪心，趁家中无人，偷偷从中抽走50元。由于乔乙大意，没有发现其抽屉内短少的现金。乔甲见第一次窃取得逞后，胆子越来越大，又分别于同年10月、2014年3月两次趁乔乙不在意，共窃取其人民币600余元。当乔甲又于2014年6月10日趁乔乙家无人之机，打开抽屉欲寻找现金时，不料被躲在家里逃学的乔乙之子乔丙发现，遂案发，随后乔甲家属代其偿还了乔乙的损失。乔乙曾到公安机关要求不要处理乔甲。法院判决认为：被告人乔甲虽主观上具有非法占有的目的，客观上实施了秘密窃取他人财物的行为，但其社会危害性不大，情节显著轻微，可不作犯罪处理。依照《中华人民共和国刑法》第十三条的规定对乔甲宣告无罪。

案例来源：中国法院网／窃取共同居住亲属财物如何定性

https://www.chinacourt.org/article/detail/2014/01/id/1193917.shtml

问题思考：

如何理解犯罪的概念？

案例评析：

犯罪是具有严重社会危害性的行为。任何行为如不具有严重的社会危害均不构成犯罪。因此《刑法》第十三条规定："一切危害国家主权，领土完整和安全，分裂国家，颠覆人民民主专政的政权和推翻社会主义制度，破坏社会秩序和经济秩序，侵犯国有财产或者劳动群众集体所有的财产，侵犯公民私人所有的财产，侵犯公民的人身权利、民主权利和其他权利，以及其他危害社会的行为，依照法律应当受刑罚处罚的，都是犯罪；但是情节显著轻微，危害不大的，不认为是犯罪。"

本案被告人乔甲主观上具有非法占有他人财物的目的，客观上实施了窃取他人财物的行为，因而其行为具有一定的社会危害性。但综合全案情况看来，其犯罪情节显著轻微，危害不大，应不认为是犯罪。原因有三：其一，被告盗窃的是其同住亲属的财物，而且数额相对不大。案发后，被告的同住亲属乔乙不要求追究乔甲的刑事责任，而且乔甲的家属已对乔乙的损失作了赔偿，故乔甲的盗窃行为不像一般盗窃犯罪那样具有严重的社会危害性。其二，乔甲的盗窃数额虽达到盗窃罪所要求的"数额较大"的标准，但盗窃的数额是否较大，不是区分盗窃罪与非罪界限的唯一标准，还应综合其他犯罪情节考虑。被告人乔甲采取的是趁乔乙不注意而秘密窃取的方法获得财物的，不像其他盗窃犯罪分子那样用拔门撬锁、挖墙掏洞等性质比较恶劣的手段，并且乔甲每次窃取的财物数额很少，而不是将所见到的乔乙财物全部拿走，因而综合本案的全部情况看，乔甲的盗窃行为情节显著轻微危害不大。其三，最高人民法院、最高人民检察院《关于办理盗窃案件具体应用法律的若干问题的解释》中规定："盗窃自己家里的财物或者近亲属的财物，一般可不按犯罪处理；对确有追究刑事责任必要的，在处理时也要同在社会上作案有所区别。"所以，乔甲的行为不构成犯罪。

教学建议：
此案例可在第六章第二节"刑法"的教学中使用。

【案例 21】如何看待于海明正当防卫行为

2018年8月27日21时30分许,刘海龙驾驶宝马轿车在昆山市震川路西行至顺帆路路口,违规越线,强行右拐进入非机动车道,与同向骑自行车的于海明发生争执。刘海龙从车中取出一把砍刀连续击打于海明,后被于海明反抢砍刀并捅刺、砍击数刀,刘海龙身受重伤,经抢救无效死亡。9月1日,经公安机关缜密侦查,并商请检察机关提前介入,就该案件调查处理情况予以通报:于海明的行为属于正当防卫,公安机关依法撤销于海明案件。

案例来源:凤凰网/检察院:为何于海明反杀"宝马男"的行为属于正当防卫?

https://finance.ifeng.com/a/20180902/16482145_0.shtml

问题思考:

如何看于海明正当防卫行为?

案例评析:

我国《刑法》第二十条第三款规定:"对正在进行行凶、杀人、抢劫、强奸、绑架以及其他严重危及人身安全的暴力犯罪,采取防卫行为,造成不法侵害人伤亡的,不属于防卫过当,不负刑事责任。"根据本案事实及现有证据,检察机关认为于海明属于正当防卫,不负刑事责任。

1. 刘海龙挑起事端,过错在先。从该案的起因看,刘海龙醉酒驾车,违规变道,主动滋事,挑起事端;从事态发展看,刘海龙先是推搡,继而拳打脚踢,最后持刀击打,不法侵害步步升级。

2. 于海明正面临严重危及人身安全的现实危险。本案系"正在进行的行凶",刘海龙使用的双刃尖角刀系国家禁止的管制刀具,属于《刑法》规定中的凶器;其持凶器击打他人颈部等要害部位,严重危及于海明人身安全;砍刀甩落在地后,其立即上前争夺,没有放弃迹象。刘海龙受伤起身后,立即跑向原放置砍刀的汽车——于海明无法排除其从车内取出其他"凶器"的可能性。砍刀虽然易手,危险并未消除,于海明的人身安全始终面临着紧迫而现实的危险。

3. 于海明抢刀反击的行为属于情急下的正常反应,符合特殊防卫要求。于海明抢刀后,连续捅刺、砍击刘海龙5刀,所有伤情均在7秒内形成。面对不法侵害不断升级的紧急情况,一般人很难精准判断出自己可能受到多大伤害,然后冷静换算出等值的防卫强度。法律不会强人所难,所以《刑法》规定,面对行凶等严重暴力犯罪进行防卫时,没有防卫限度的限制。检察机关认为,于海明面对挥舞的长刀,所作出的抢刀反击行为,属于情急下的正常反应,不能苛求他精准控制捅刺的力量和部位。虽然造成不法侵害人的死亡,但符合特殊防卫要求,依法不需要承担刑事责任。

4. 从正当防卫的制度价值看,应当优先保护防卫者。"合法没有必要向不法让步"。正当防卫的实质在于"以正对不正",是正义行为对不法侵害的反击,因此应明确防卫者在《刑法》中的优先保护地位。实践中,许多不法侵害是突然、急促的,防卫者在仓促、紧张状态下往往难以准确地判断侵害行为的性质和强度,难以周全、慎重地选择相应的防卫手段。在事实认定和法律适用上,司法机关应充分考虑防卫者面临的紧急情况,依法准确适用正当防卫规定,保护防卫者的合法权益,从而树立良好的社会价值导向。本案是刘海龙交通违章在先,寻衅滋事在先,持刀攻击在先。于海明面对这样的不法侵害,根据法律规定有实施正当防卫的权利。

《刑法》作出特殊防卫的规定，目的在于进一步体现"法不能向不法让步"的秩序理念，同时肯定防卫人以对等或超过的强度予以反击，即使造成不法侵害人伤亡，也不必顾虑可能成立防卫过当因而构成犯罪的问题。人身安全是每个公民最基本的要求，面对来自不法行为的严重紧急危害，法律应当引导鼓励公民勇于自我救济，坚持同不法侵害作斗争。司法应当负起倡导风尚、弘扬正气的责任，检察机关也将会依法保障人民群众的正当防卫权利，切实维护人民群众合法权益。

该案件给我们的一些思考：一是在法治社会凭个人武力解决问题、维护权利是行不通的。在遇到矛盾时，要少一些戾气、多一些理智，维权只能在法律框架内进行，每一次开怼前都应充分考虑后果。二是在法治社会要学会依法行使权利与履行义务。

教学建议：

本案例可在第六章第二节"刑法"教学中使用。

【案例22】紧急避险的法律责任

2018年10月，某客轮正在新加坡驶回大连的途中，突然遇到台风，船长王某凭自己多年航海经验决定抛弃旅客携带的大量贵重货物（达100万元人民币），以减轻重量，保护广大旅客的生命安全。

案例来源：司法考试/刑法案例及题解大全

http：//www.233.com/sf/erjuan/xingshi/20080303/091236888-2.html

问题思考：

如何看待船长王某的行为？

案例评析：

船长王某的行为属于紧急避险。根据《刑法》第二十一条的规定，紧急避险就是为了使国家、公共利益、本人或者他人的人身、财产和其他权利免受正在发生的危险，不得已采取的损害另一方较小合法利益的行为。我国的紧急避险不仅是公民的一项权利，在某些情况下也是一种法律义务。

紧急避险成立的要件具有前提条件和合法性条件。前提条件具体包括以下几个方面：首先，必须是合法利益受到危险的威胁。所谓危险，是指法律所保护的利益可能立即遭受危害的一种事实状态。危险的来源主要有大自然的自发力量、动物的自发性袭击、人的危害社会的行为、人的生理或疾病的原因等。其次，必须是正在发生的危险，即实际存在的危险已经发生，尚未过去，才能实行紧急避险。否则，危险尚未发生或者已经过去，实行所谓的避险行为，则不是紧急避险，而是避险不适时。

合法性条件具体包括以下几个方面：首先，避险行为必须是为了使合法利益避免正在发生的危险而实施；其次，必须是危险不能用其他方法避免；再次，避险行为不能超过必要限度造成不应有的危害。所谓必要限度，即其所造成的损害必须是轻于所要避免的损害。船长的行为符合紧急避险的成立要件，行为也并未过当，所以不负法律责任。

教学建议：

此案例可在第六章第二节"刑法"教学中使用。

【案例23】杜某的做法是否合法

某县县委书记杜某为官清廉，受当地群众信赖。一次，当地群众举报,该县法院审判的某起已经发生法律效力的刑事案件不公正。杜某便亲自进行了调查,调查后确实发现该案件的处理上有悖于法律规定。于是他便找来法院有关人员进行谈话,通知该法院的审判委员会进行再审。法院在接到通知后迅速再审,使得冤案得以昭雪。杜某因此也大受舆论赞扬。

案例来源:淮北师范大学/2012年淮北师范大学法理学考研真题

http://yz.kaoyan.com/hbcnc/zhenti/53732b1084d35_5.html

问题思考:

该县委书记的做法是否合法?试结合"司法原则"进行评析。

案例评析:

该县委书记的做法,虽然用意是好的,并且取得了好的结果,但是,从法治原则对司法的要求来看,他的做法不合法,违反了司法独立原则。我国法律规定:人民法院独立行使审判权,任何机关、组织和个人不得对其进行干涉。司法独立原则的内涵主要包括:司法权只能由国家的司法机关统一行使,任何组织和个人都无权行使此项权力;司法机关行使司法权只服从法律,不受其他行政机关、社会团体和个人的干涉;司法机关行使司法权时,必须严格按照法律规定和法律程序办事,准确适用法律。

在该案中,该县委书记和有关法院谈话,并且通知法院再审,这不仅干涉了司法机关行使司法权,而且,该县委书记变相地行使了司法权,违背了司法独立的原则。另外,法院的立场也不够坚定。我国《刑事诉讼法》规定,人民法院对已经发生法律效力的判决、裁定,如果发现确有错判,可由上级人民法院和本院院长提交审判委员会再审。这条法律规定表明,对错判的判决、裁定等进行再审的提起主体是上级人民法院和本院院长，县委书记没有这项权力。

该案还涉及另外一个问题：如何在实践上区分党的监督和党的干涉？党的领导是宪法原则，任何机关都要接受党的领导。而党的领导应该仅仅限于政治、思想和组织领导，绝不能由地方党委代替司法机关审批具体案件。该案中的县委书记恰恰是代替司法机关审批具体案件。

教学建议：

本案例可在第六章第二节"诉讼法"教学中使用。

【案例24】本案回避程序有何违法之处

某县公安局对一起共同抢劫案件立案侦查，以公安局局长韩某为首组成侦破小组，查获犯罪嫌疑人赵某、钱某、孙某涉嫌结伙拦路抢劫。在侦查过程中，孙某聘请的律师李某未与孙某商量，独立提出本案的侦查员张某与被害人是同住一个小区的邻居，关系密切，申请其回避。侦察科的科长立即停止了张某的侦察工作，张某为了避免别人的闲话立即退出了侦察活动，侦察科长经审查不属于法定回避的理由，驳回了回避申请。接着钱某提出申请公安局局长回避，理由是公安局局长与犯罪嫌疑人的父亲是老战友，关系密切。经上级公安机关作出了回避决定。本案经县检察院起诉至县法院，在审理期间，赵某提出书记员李某原是本案侦察人员，后工作调动至法院，不应担任本案书记员；钱某提出出庭支持公诉的书记员陈某在参与案件审查起诉过程中曾经和被害人一起吃饭，应当回避；孙某提出陪审员王某相貌凶恶，语气严厉，不应参与案件的审判。审判长武某当庭决定准许陈某回避，驳回赵某、孙某的回避申请。

案例来源：问答库官网/国家开放大学（刑事诉讼法学）题库
https://www.asklib.com/view/a4bab91c6031.html

问题思考：
本案回避程序有何违法之处？并说明理由。

案例评析：
司法的生命在于司法公正，司法公正又包含程序公正和实体公正，我国《刑事诉讼法》规定的回避制度就是程序公正的一大体现。西方有法谚："正义不仅要得到实现，而且要以人们看得见的方式实现。"由此可以看出：人们对司法裁判的认同，不仅仅是通过对实体法的认同，更是对程序上的认可。我国宪法也规定"国家尊重和保障人权"，申请回避是当事人的诉讼权利。

根据《刑事诉讼法》的规定，适用回避的人员包括侦查人员、检察人员、审判人员以及参加侦查、起诉、审判活动的书记员、翻译人员和鉴定人。申请回避的阶段适用于侦查、起诉和审理。《刑事诉讼法》第二十八条对回避的理由作出了明确的规定：是本案的当事人或者是当事人的近亲属的；本人或者他人近亲属和本案有利害关系的；担任过本案证人、鉴定人、辩护人或者诉讼代理人的；与本案当事人有其他关系，可能影响案件公正处理的。书记员、翻译人员、鉴定人的回避，应当根据其所处的诉讼阶段分别由院长、检察长、县级以上公安机关负责人决定。由此，本案回避程序违法之处有：

（1）本案中的李某只是作为孙某委托的律师，所以无权提出回避申请。

（2）本案的侦查员张某与被害人只是居住在一个小区，不属于法定的回避理由，所以申请被驳回。

（3）公安局局长因为与被害人的父亲是老战友，关系密切，属于法定回避理由，所以申请回避被批准。赵某提出的书记员李某原是本案侦察人员，后工作调动至法院，不应担任本案书记员；钱某提出出庭支持公诉的书记员陈某在参与案件审查起诉过程中曾经和被害人一起吃饭，应当回避；而孙某要求评审员李某回避理由仅仅是相貌凶恶，语气严厉，不属于法定情形，所以回避申请也被驳回。

教学建议：

此案例可在第六章第二节"诉讼法"教学中使用。

【案例25】公安机关公示小偷照片案

据媒体报道，广州市越秀公安分局将长期在广东省汽车站作案的小偷的照片、姓名、年龄及犯罪记录等信息公布在省站的公告牌上，并警示"严防小偷（嫌疑人）"几个大字，引起过往旅客的围观。许多旅客拍手称快，并认为对于这些人人喊打的小偷，此举无疑会给他们以沉重的打击。但也有人表示这种行为涉嫌侵权，会给这些人带来致命的后果。两种截然不同的观点引发了社会的普遍讨论。

案例来源：道客巴巴/行政法案例教学课件

http://www.doc88.com/p-143805610310.html

问题思考：

公安机关此举有否法律依据？是否违法侵权？如果侵权，是侵犯了何种权利？

案例评析：

首先，"公示小偷"的形式违法。我们知道，"公告"应当是国家行政机关的一种公文形式。根据国务院1987年2月18日颁行的《国家行政机关公文处理办法》及其他相关规定，"公告"通常是以国家名义"向国内外宣布重要的事项"。如颁布法律、国家重大外交活动、发射卫星等。另外，国家的司法、税务、海关等部门，因其工作的特殊性，也可以依法使用"公告"形式来履行其职责范围内的任务。该《办法》还规定，其他任何国家机关都不具备使用"公告"的主体资格，特别是社会、经济、商业组织，更不能使用"公告"进行商业性宣传。这里就可以看出，公安机关如果要使用"公告"的话，也应当是履行其职责范围内的任务。显然公示小偷照片并不是公安机关职责范围内的任务，因此公安机关的这种做法没有法律依据。

其次，公安机关"公示小偷"行为属于越权行为。我国法律规定，对于"小偷小摸"这一现象，只有达到一定的数额才会构成盗窃罪，而更多"小偷"的行为仍然算是在治安管理层面，只能算一般的违法行为，适用《治安管理处罚法》。在司法活动中，公安机关属于执法者，未经司法机关裁定，公安机关无权宣判一个人是否有罪。向社会公布头像的做法只适合通缉应当逮捕的正在潜逃的案犯，而这些"小偷"并不属于这种情况。即使他们被判有罪，也应该依据现行法律，按照严格的程序去处理。如果《治安管理处罚法》中并没有张贴犯罪嫌疑人照片的适用条款，那么，公安机关擅自将小偷照片示众，也是一种越权行为，应该得到纠正。

第三，"公示小偷"是侵权行为。一个人在触犯《治安管理处罚条例》的同时，并不排除他受到法律的保护，仍然享有民事权利。我国现行宪法第三十八条规定："中华人民共和国公民的人格尊严不受侵犯。禁止用任何方法对公民进行侮辱、诽谤和诬告陷害。"可见人格尊严是宪法规定的一种基本权利，而人格尊严具体包括了名誉权、姓名权、肖像权、隐私权等内容。公民人格尊严不受侵犯，法律禁止以损害公民人格权的方式惩罚违法犯罪，这是社会进步的标志，也是法治文明的体现。"公示小偷"首先是侵犯他们的名誉权。对于"小偷"而言，受处罚的只能是他的盗窃行为，其合法人格权不能随意侵犯。其次，"公示小偷"侵犯了他们的肖像权。依照民法规定，任何人未经本人允许不得使用其肖像，公安机关未经司法机关授权，擅自贴出小偷的照片，违反了法律规定，侵害了小偷的肖像权。在此讨论小偷的权利，绝非为小偷张目，只是在处罚小偷的同时，手段更要合法。以目的决定手段，忽略程序，这些都是与法治精神格格不入的行为。对此要坚决说"不"，即使他们的出发点是好的，甚至还有一定的正面效果亦然。因为在一个讲求法治的国家里，我们不能直接以道德上的善恶评价来取代法律上的评价，尤其是在执法和司法领域。

所以说，在一个彰显法治的社会里，一切行为都应该于法有据。某些事情看上去或听起来好像很有道理，比如说"和小偷讲什么人格"之类，但实际上并不符合法律的精神，"公示小偷"的做法也是如此。"公示小偷"的做法，虽然符合很多人的心理，却恰恰说明，公众的法律意识是有待提高和加强的。

教学建议：
此案例可在第六章第五节"法治思维的基本内容"教学中使用。

【案例26】如何理解我国法制现状

甲市在招商引资过程中，党委和政府要求当地司法机关要切实为外商办实事，净化投资环境，提供优质服务。后有一德国商人来该地洽谈合作项目,但入住宾馆后不久行李被盗。书记、市长严令公安机关限期破案,公安机关倾巢出动,设卡排查,第二天就将小偷抓获。

书记、市长当即批示司法机关一定要严惩这个小偷。后书记、市长亲自登门将行李送还德国商人,并表示一定会对小偷严惩不贷。但之后这个外商却中止了投资谈判并离开了当地。

案例来源:司考试题改编

问题思考:
书记、市长的行为有何违法之处?

案例评析:
我国宪法和法律明确规定,司法机关依法独立行使审判权、检察权、侦查权,不受行政机关、团体和个人的干涉。小偷犯了盗窃罪,该如何定罪量刑处罚,应是司法机关根据法律规定作出处理的事。书记、市长为了迎合外商,对案件的处理发表指示,这干预了司法机关依法独立行使职权。外商听到书记、市长要求司法机关严惩这个小偷,可能会心生疑虑:今天他们为了吸引我投资,可以调动行政机关、司法机关全力为我服务;明天我投资进来,假如在生产经营过程中和当地政府发生矛盾,如果诉诸法律,闹到法庭上,到那时司法机关是听法律的,还是听书记、市长的呢?由此不难理解外商的离开了。尽管我国强调依法行政,可我们的一些党政领导还是缺少基本的法律常识、应有的法律观念,甚至在潜意识里把司法机关当成所在地的一个职能部门,随意对司法机关发号施令。有的领导甚至认为,当地的法院、检察院就应当为地方经济服务,保护当地的经济利益。这种现象与建设法治国家的要求不符。

教学建议：

本案例可在第六章第五节"法治思维"教学中使用。

【案例27】苏格拉底之死

公元前399年，古希腊著名的思想家苏格拉底，被指控犯罪。尽管苏格拉底在法庭上把指控方驳得哑口无言，但法庭还是不公正地判处他死刑。临刑的前一夜，他的朋友和学生极力主张他越狱：狱卒已经用钱收买，马车已经备好。他们认为，既然法律没有公平正义，那我们何必还要遵守法律？但苏格拉底不肯接受这个方案，他认为，雅典的法律虽然失去了公平正义，但服从它的判决，维护法律的秩序，这不也是一种公民的义务吗？严守法律是人民幸福、城邦强大的根本保证，其价值远远高于个人的生命。所以，守法即是正义，即使判决不公正，公民也应该无条件地遵循，不服从便是一种罪恶。自己是被国家判决有罪的，如果自己逃走了，法律得不到遵守，就会失去它应有的效力和权威。当法律失去权威，正义也就不复存在。最后，他毅然选择死亡。

案例来源：百度百科 / 苏格拉底之死

https://baike.baidu.com/item/%E8%8B%8F%E6%A0%BC%E6%8B%89%E5%BA%95%E4%B9%8B%E6%AD%BB/656629?fr=aladdin

问题思考：

如何理解苏格拉底之死？

案例评析：

苏格拉底宁愿选择死亡，也不愿拒绝执行司法判决，破坏法律的权威，这不是悲剧的声音，这是一个智者在用生命诠释法律的真正含义——法律只有被遵守才有权威性。每个公民都要履行守法的义务。这是一种引人向善的法律正义，如果人人都只以自己内心判断的是非为是非，人人都只随自己的喜恶去利用法律、玩弄法律甚至敌视法律、抗拒法律，不履行自己的公民义务，这便势必会引人向恶，会造成社会秩序的大乱，最终，一定会导致整个社会公平正义的彻底崩溃。只有法律树立了权威，才能有国家秩序与社会正义的存在。

教学建议：

本案例可在第六章第五节"尊重和维护法律权威"教学中使用。

【案例28】吕西锋理性维权

吕西锋乘坐某航空公司的班机由上海虹桥机场返回北京。飞机起飞后不久，在换衣服时，手机沿座位掉到了座椅里面，经吕西锋和乘务员寻找二十几分钟也没有找到。此时另一个乘客的手机也掉了进去。乘务员等飞机降落后让地面工作人员上来寻找。飞机到达北京后，地面工作人员上机后找到了那一位乘客的手机，仍没有找到吕西锋的手机。由于该座位构造复杂，在不将其拆掉的情况下很难找到，工作人员以下班飞机要起飞为由要求吕西锋离开且没有给吕西锋说法。为不影响工作，吕西锋只得离开。并于当日下午购买了一部手机重新补办了手机卡。之后，吕西锋给机场打电话询问了多次，均说没有找到，无奈，吕西锋只得向航空公司发了一个声明。声明把当时及接下来的情况详细加以说明，并提出如下要求：

一、贵公司有义务保证乘客的人身和财物安全。请贵公司及时从该座位中为本人找出该手机归还给本人，并支付由此而给本人造成的各种损失六百元。

二、如果贵公司无法为本人找回手机，请按照该手机的价值给予本人赔偿。

三、如果贵公司不予答复，本人将通过大众传媒、互联网、向人民法院提起诉讼等一切合法手段来维护自己的合法权益。

四、本人在当时及现在已经将情况告知了贵公司及代表贵公司工作的乘务人员。如果因贵公司无法取出该手机而对飞机及飞行造成的安全隐患、可能出现的电池爆炸及由此而产生的一切后果，本人概不负责。

几天之后，工作人员打电话告诉吕西锋手机找到了。

案例来源：华律网 / 依法行使权利，理性维权

http：//www.66law.cn/goodcase/2167.aspx

问题思考：

大学生应该如何依法维护自己的权利？

案例评析：

尊法学法守法用法，必须养成良好的法治思维和行为方式。当自己的合法权益受到侵害时，依法维权是很重要的。依法行使权利是体现权利正当性和保障权利实现的充分而必要条件。在现代法治社会，人们行使任何权利、做任何事情都不能超越法律界限。我国宪法第五十一条规定："中华人民共和国公民在行使自由和权利的时候，不得损害国家的、社会的、

集体的利益和其他公民的合法的自由和权利。"据此，权利的行使以不得侵犯和超越国家、集体、他人的权利为基本界限，如果因行使自己权利而损害了国家、集体或他人的利益，超出了国家法律所许可和保障的范围和界限，则不再是行使权利，而且会受到法律追究。在一些情况下，如果鲁莽的话，不但维护不了自己的权益，还有可能受到处罚，甚至构成犯罪。在本例中，如果吕西锋拒不下飞机的话，就要影响下个航班，不但会给航空公司造成很大损失，而且还可因为影响飞行安全，扰乱飞行秩序而受到处罚。所以，依法维权，善于运用法律手段协调关系和解决问题，问题才能妥善解决，这就是法治思维的要求。

教学建议：

本案例可在第六章第六节"依法行使权利与履行义务"教学中使用。

【案例29】大学校园中学生的宪法权利

学校防火安全日益受到重视，而学生宿舍的防火安全则向来是学校防火工作的重点。一般高校对宿舍内用火、用电器等都谨慎地持严格限制态度。A大学在《本科生宿舍管理办法》与《研究生宿舍管理办法》中均规定：严禁在宿舍楼内使用明火（如点蜡烛、烧煤油炉、烧煤气炉、酒精炉等各类有明火的器具），严禁使用功率大于600瓦的电器设备，严禁在宿舍内燃烧纸张和杂物。并都进一步详细制定了违反上述规定的行为的相应处罚办法。但是细心的同学发现两办法对相同的违规行为的处罚有所不同。在具体执行中，学校宿舍主管部门为了有效地消除火灾发生的隐患，除了对学生宿舍进行例行检查，还经常组织突击检查。在火灾多发季节突击检查的频率更是高，除了深夜休息时间任何时间段都有可能。而且为防止里面的学生有时间藏匿可能正在使用的违章电器，检查人员通常只是象征性地敲一下门就径直自己开门进入，学生时常睡眼惺忪、蓬头垢面甚至衣冠不整地迎接检查，休息的被吵醒、学习的思绪被打断也是家常便饭。宿舍没人时检查人员进入宿舍检查也时常会翻动宿舍内学生的私人物品，一经发现有违章电器，不管是否为学生个人使用、是否处于使用状态就予以没收，学生回宿舍经常怀疑是不是有小偷光顾。学校对研究生宿舍进行此类检查的方式、频率较本科生还要相对缓和、低一些。对此有学生提出：学校的这种随时的、任意的突击检查的行为干扰了他们正常的学习生活，严重侵犯了他们的住宅权。学校对研究生、本科生区别对待，违反了宪法所规定的平等原则，侵犯了其平等权。

案例来源：中国宪政网 / 学生的宪法权利

http : / / www.calaw.cn/article/default.asp?id=3819

问题思考：

本事例中包含了哪些宪法问题？

案例评析：

本事例中包含的宪法问题包括：

1. 禁止在宿舍内使用明火、禁止使用违章电器等的规定本身应该说是适当。伴随着行为（单纯的思想除外）的基本权利均具有界限，即人们在行使这些自由和权利时，不得损害其他人的合法的自由和权利，也不得损害国家的、社会的和集体的利益。在此材料中，学生在宿舍内使用明火、大功率电器等的自由、权利与全体师生员工的人身、财产以及公共财产的安全发生冲突，因此制定该规定的立法目的、法的价值取向上并无不当。

2. 学生宿舍的住宅权问题。我国《宪法》第三十九条规定："中华人民共和国公民的住宅不受侵犯。禁止非法搜查或者非法侵入公民的住宅。"学生在学校有双重身份：一是在学校接受教育的受教育者，二是在学校内生活的普通公民。学生宿舍，既是学习的地方，更是居住、生活、休息的地方。因此，学生宿舍也应有"住宅权"，不应受非法侵入或非法搜查。但是，学生宿舍又不同于私人家屋，是一集体生活场所，一个人在宿舍内的一举一动更易对他人造成影响，个人权利的行使更易与他人的权利发生冲突。因而宿舍住宅权与一般私人家屋的住宅权相比不得不受到更多的限制。对学生宿舍而言，基于学校的自主办学、管理权，基于学生特定的权利义务，宿管部门对宿舍按照适当的程序、方式有序地进行日常的安全、卫生检查应属于正当、合法限制范围之内。在特定、紧急的状态下按照特定的程序方式进行突击检查也无可厚非，这是权利冲突下的正当的价值选择，从根本上也是为了更好地保障学生个人的权利。但在上述材料中该学校宿舍主管部门随时的、任意的、不讲究程序方式的检查行为，就是对学生宿舍住宅权进行了不合理、不合法的限制，严重妨害了学生的正常学习、生活，是对宪法上的住宅权这一基本权利的侵犯。

3. 本科生、研究生之间的平等权问题以及平等权的合理差别问题。《宪法》第三十三条第二款："中华人民共和国公民在法律面前一律平等。"本科生与研究生在知识结构、能力等方面存在着一定的差别，因此他们在接受的教育内容、教学的方式等方面必然存在相异之处。但学生在宿舍中则主要是以普通公民的角色出现，作为抽象的、一般意义上的人，本科生与研究生之间不应该有所差别。从此意义上讲，本科生、研究生在学校宿舍所拥有的住宅权应该是平等的，应得到同样对待同样保护。违章电器，不会因为使用者是研究生而危险系数就小一些，因此，对本科生、研究生同一行为规定予以不同处罚（内容上的不平等），采用不同的检查方式、频率（适用上的不平等），这些行为是没有法律依据的，这种差别待遇不属于宪法范围内的合理差别，因此，违反了宪法的平等原则，侵犯了本科生的平等权。

4. 其他问题。宿舍内的私人物品中不乏与学生个人隐私相关的物品，这些物品学生本人不愿意让别人见到、有所知晓，检查人员任意翻动学生的私人物品，这是对学生个人隐私的侵犯。而不管电器是否为学生个人所有，是否处于使用状态，就一概予以没收，这种行为方式也有重大瑕疵。比如说学生买了个电饭锅准备送人，暂且在宿舍内搁置一下，既没拆封更未使用，当然也没有造成可能发生火灾的危险，但在检查人员检查时发现了电饭锅的存在，就予以没收，这种行为实在有侵犯学生的私人财产权的嫌疑。

教学建议：

本案例可在第六章第六节"人身权利"教学中使用。

【案例30】黄某逃避服兵役案

黄某，男，19岁，农民。2017年经体检、政审合格后县征兵办确定黄某到某军区炮兵师服现役。但是，黄某为逃避兵役，突然隐匿，失去联系。县征兵办找到他的父母，进行说服教育。但其父母始终不说出儿子的去向。后经查找，发现黄某藏在其姑妈家。县征兵办把黄某找回，进行了批评教育。黄某拒不答话。后来了解到黄某逃避征兵的原因主要是他未婚妻扯后腿，就又找到他的未婚妻做工作，仍然没有取得效果。最后，根据宪法和法律的有关规定，乡人民政府依法强制黄某履行兵役义务。

案例来源：考试资料网 / 公务员考试题库

https：//www.ppkao.com/shiti/4492451/

问题思考：

乡人民政府强制黄某履行兵役的宪法依据是什么？是否侵犯了黄某的人身自由？

案例评析：

我国《宪法》第五十五条规定："保卫祖国、抵抗侵略是中华人民共和国每一个公民的神圣职责。依照法律服兵役和参加民兵组织是中华人民共和国公民的光荣义务。"我国兵役法对此作了具体规定。黄某被确定为应征公民经体检、政审合格应履行宪法规定的义务依法服兵役。但他却逃避征集，屡教不改。因而乡人民政府依据宪法和法律的相关规定可以强制黄某到部队服现役。

教学建议：

本案例可在第六章第六节"宪法基本权利"教学中使用。

【案例31】谁逼疯了真版贾君鹏

贾君鹏，网络虚拟人物。2009年7月16日，网友在百度贴吧魔兽世界吧发表的一个名为"贾君鹏你妈妈喊你回家吃饭"的帖子，随后短短五六个小时内被390617名网友浏览，引来超过1.7万条回复，被网友称为"网络奇迹"。"贾君鹏你妈妈喊你回家吃饭"也迅速成为网络流行语。许多网友在百度知道、新浪爱问等论坛纷纷悬赏，询问"贾君鹏"为何人，更有不少网友加入"恶搞"队伍，组成一场庞大的"贾君鹏家庭"。有人甚至将身边名贾君鹏的父母照片、初恋和隐私都人肉搜索出来以求证真假。

这时候，一个真名叫贾君鹏的山东济南小伙，因为与网络上被恶搞的"贾君鹏"同名同姓，被网友人肉搜索，将他和女友的照片传到网上，继而父母、姐姐和初恋恋人纷纷被曝光，平静的生活被彻底打乱，更令他崩溃的是，有人甚至把他过去做过的不光彩的事情，点点滴滴搜索、公布出来。结果，女友和他分手，公司将他除名，家人众叛亲离。短短10天时间，他就被网络逼疯了……

案例来源：道客巴巴网／"谁逼疯了真版贾君鹏"

http：//www.doc88.com/p-886680856374.html

问题思考：

公民在行使自己权利的同时，应承担义务吗？

案例评析：

在虚拟的网络世界里，公民有言论自由权利，但是公民在行使这一权利时应该坚持权利与义务相统一的原则。自觉遵守宪法和法律的规定，不能侵害他人的隐私权。网上"贾君鹏"是北京一家传媒公司为了商业炒作而杜撰出来的虚拟人物，没有想到现实生活中真有人叫这个名字，这种现象，不应该对号入座。网友把这件事当真了，如此人肉搜索，在没有经过当事人同意或认可的情况下，不顾忌后果的恶搞行为侵犯了他人隐私，是侵权行为。作为受害者，贾君鹏有权维护自己的合法权益。

教学建议:

本案例可在第六章第六节"行使法律权利的界限"教学中使用。

【案例32】陈某某微信群散布不实言论案

2018年4月19日下午,在上栗县上栗镇水源村某引线厂发生燃爆事故,造成两名厂内员工受伤。然而,陈某某在本人并未到现场核实查看,也未向相关部门求证的情况下,在微信群内散布该厂事故死亡十几二十人的不实信息,造成一定的社会影响。2018年5月4日,陈某某被上栗派出所查获。根据《中华人民共和国治安管理处罚法》第二十五条第一款第(一)项之规定,公安机关对其作出了行政处罚决定。陈某某也认识到了自己的错误,表示深刻的悔改。

案例来源:中国萍乡网/注意:网络造谣、传谣!原来后果这么严重
http://news.pxnews.cn/content/9_14995.html

问题思考:

什么是言论自由?言论自由的底线又是什么?

案例评析:

近年来,网络暴力、网络造谣传谣事件频频发生,从六翅肯德基怪鸡、娃哈哈肉毒杆菌到"潘长江不认识蔡徐坤",这些事件无不让我们反思,什么是言论自由?言论自由的底线又是什么?随着互联网的快速发展与广泛普及,信息传播渠道逐渐多元化。在信息化的时代里,人人都是信息的发布者,从论坛、博客,到微信再到微博,每个人发言的自由空间越

来越大，而这种自由恰恰需要网民具有更强的自我约束力与法律意识，否则个人不当言论一旦发出，其传播速度、范围会变得不可控制，最终造成较为恶劣的社会影响。

言论自由是宪法赋予每位公民的基本权利。与此同时，宪法明确规定，公民在行使自己的包括言论在内的各项自由和权利时，"不得损害国家的、社会的、集体的利益和其他公民的合法的自由和权利"。因此言论自由并不代表言论不受任何限制，不可任性为之，因为在享受言论自由权利的同时，也负有不得损害他人合法权利的义务，但凡对他人产生的任何侵害，都需要承担相应的法律责任。

网络言论应坚守法律底线。网络言论并不是简单的信息表达，它也是一种价值观、道德观的体现。当前随着互联网应用层面越来越广，网络环境隐匿性、信息的复杂性导致部分网民为了博眼球、发泄个人情绪，在网络上发布一些不实言论，进而造成了一定的不良社会影响。对此，广大网民要了解法律责任、坚守法律底线，不撰写不实信息，不在信息平台上转发不良信息，转发之前，反复斟酌信息言论是否真实、是否合法，确保在任何情况下都绝不损害国家、社会、集体的利益和其他公民的合法权利。

教学建议：

此案例可在第六章第六节"行使法律权利的界限"教学中使用。

【案例33】如何理解见义勇为者不担责

2017年1月9日中午，张永焕骑摩托车撞人后逃逸，唐山小伙朱振彪骑车跟随，致张永焕被火车撞击身亡，随后朱振彪遭张永焕家属索赔60万元。该案于 2017 年 2 月 12 日在河北省唐山市滦南县法院开庭审理，5 小时后法院当庭作出一审判决，认定朱振彪的追赶行为不具有违法性，其追赶行为与逃逸者撞车身亡之间不具有法律上的因果关系，驳回原告张永焕家属的所有诉求。

案例来源：南方都市报／见义勇为者不担责是个正能量的判决

http：//epaper.oeeee.com/epaper/A/html/2018-02/14/content_10787.htm

问题思考：

见义勇为者不担责为什么是个正能量的判决？

案例评析：

本案中，肇事者张永焕骑摩托车撞倒张雨，致使张雨躺倒在血泊中，这是一种很严重的交通肇事违法行为。依照法律规定，肇事者张永焕本应依法救治受害人并立即报警，但他选择了骑车逃逸而后又弃车继续逃逸。这显然加重其违法行为的性质。唐山公民朱振彪认为其行为严重（已构成犯罪），行使法律赋予的扭送权，而追赶并捉拿到行为人是"扭送"的应有之义，若追拿之中受到行为人以死相威胁即应罢手，则扭送权就会大打折扣，扭送的立法目的就无法实现。

《刑法》规定，交通肇事致 1 人死亡负事故主要责任的，即构成犯罪；若致 1 人重伤，为逃避法律追究逃离事故现场，负事故主要责任的，也构成犯罪。摩托车撞人没轻没重，致人躺倒在血泊之中，生死未卜。本案事故责任认定，恰恰认定了张永焕肇事后逃逸，负事故主要责任；哪怕受害人张雨最后连重伤也未达到，也不能否认朱振彪行使扭送权的正当性。

滦南县法院的判决郑重指出，"朱振彪作为现场目击人，及时向公安机关电话报警，并驱车和徒步追赶张永焕，敦促其投案，其行为本身不具有违法性"，这就是对公民面对严重违法犯罪行为人行使扭送权的充分肯定。判决还称，"从朱振彪的行为过程看，张永焕的死亡结果与朱振彪的追赶行为之间不具有法律上的因果关系"，也注重了判断因果关系上的法律思维，同样难能可贵。

这一判决可以概括出这样的裁判要旨："肇事逃逸者"被追身亡，"追赶者"不负法律责任。该判决的社会导向意义明显，人们将来遇到有人严重违法犯罪后逃跑，"追不追"的心理纠结不复存在了。

教学建议：

此案例可在第六章第六节"依法行使权利与履行义务"教学中使用。